Sven Stagge
Roman Sterzik

KeyboardClass

Gemeinsam Musik machen • Musik erfahren und verstehen

Schülerbuch 1

HELBLING

Innsbruck • Esslingen • Bern-Belp

Zu diesem Werk erhältlich:

- **Lehrerhandbuch 1** (mit Media App und CD):
  S8740
  ISBN 978-3-86227-387-4 (neu)
  ISBN 978-3-9816534-1-0 (alt)
- **Schülerbuch 2** (mit Media App):
  S8741
  ISBN 978-3-86227-388-1 (neu)
  ISBN 978-3-9816534-2-7 (alt)
- **Lehrerhandbuch 2** (mit Media App und CD):
  S8742
  ISBN 978-3-86227-389-8 (neu)
  ISBN 978-3-9816534-3-4 (alt)

Impressum

Redaktion: Alexandra Nothacker
Foto: Francisco Lopez, Lopez Fotodesign, Heroldsberg
Notensatz: Sven Stagge, Hannover
Vokabelhilfen: Felix Maier, Hannover
Layout und Design: Arne Wahlers, Ottersberg • Julian Hielscher, Ottersberg
Druck: Athesia Druck, Bozen

S8739
ISBN 978-3-86227-386-7 (neu)
ISBN 978-3-9816534-0-3 (alt)
2. Auflage A2^{3} / 2023

Vorwort

Liebe Schülerinnen und Schüler, liebe Kolleginnen und Kollegen,

mit dem Musikinstrument Keyboard kann man in kurzer Zeit musikalisch viel erreichen und dabei von Anfang an beim Zusammenspiel die verschiedenen Musikerrollen in einer Band oder in einem Orchester aktiv kennenlernen.

Wir Autoren – Instrumentallehrer bzw. Schulmusiker – sind selbst begeisterte Keyboarder. Wir haben ein vergleichbares Lehrwerk für unseren Unterricht und zum Erlernen eines Tasteninstruments vermisst.

Unser Ziel war es, einen Weg für einen gemeinsamen Unterricht von Schulmusik und Instrumentalunterricht zu schaffen – einen Weg, der Schülerinnen und Schüler begeistert musizieren lässt.

Das Konzept dient dem Musikunterricht der allgemeinbildenden Schule als abwechslungsreiches Praxisbuch und dem Instrumentalunterricht als systematisch aufbauende Instrumentalschule.

Es ist uns eine Freude, Ihnen dieses von uns arrangierte Musizierbuch bereits in der zweiten Auflage anbieten zu können.

Wir wünschen Ihnen und euch zahlreiche spannende Erfahrungen mit der Keyboard*Class*.

Eure/Ihre Autoren

Sven Stagge, Hannover   Roman Sterzik, Burgthann

Legende

Das **Solo** bzw. Solo-Arrangement auf der linken Buchseite enthält die Melodie und eine Begleitung für das solistische Spiel in keyboardtypischen Spielweisen: *Voice Play, Split Play* und *Style Play*. Diese beidhändige Version eignet sich insbesondere für den Instrumentalunterricht.

Das **Klassenensemble** auf der rechten Buchseite enthält Begleitstimmen in ganz unterschiedlichen Schwierigkeitsgraden für das Spiel der gesamten Klasse im Musikunterricht. Ergänzt um die zeitgleich ablaufende Melodiestimme des Solo-Arrangements ergibt sich ein klangvolles Arrangement. Die Arrangements wurden, soweit nicht angegeben, von den Autoren erstellt.

Die **Workshops** enthalten Musizierideen sowie kreative Aufgaben zur Vorbereitung und Vertiefung der Spieltechniken und der musikalischen Zusammenhänge, z. B. Koordinationstrainings mit *Keyboard Percussion*, Variations- und Improvisationsideen u. a.

Schlagzeuginstrumente werden in Partituren oft abgekürzt, z. B.:

BD: Bass Drum	RC: Ride Cymbal	HT: High Tom	LT: Low Tom
SD: Snare Drum	CC: Crash Cymbal	MHT: Middle High Tom	Tri: Triangle
HH: Hi-Hat	WB: Wood Block	MLT: Middle Low Tom	

Registrierungshinweise

Solo: Style Play

LH: ACMP (Fingered) • *RH:* RS Saw Lead (Synth Lead) • *Style:* Worship (8 Beat) • *Tempo:* ♩ = 80 • *Software:* User 001, Bank 7/8

Die Registrierungsangaben beziehen sich auf Yamaha-Modelle. Die allgemeineren Bezeichnungen für Instrumente anderer Hersteller befinden sich in Klammern.

Registrierungssoftware

Für Yamaha Keyboards ist eine Registrierungsoftware erhältlich. Die einzelnen Speicherplätze verteilen sich grundsätzlich wie folgt: Registration Memory 1 – Melodie Solo-Arrangement, RM 2 – *kursiv* dargestellte Ensemblestimme, RM 3 – Bassklangfarbe, RM 4 – Drum Kit (bzw. Set).

Akkordsymbole

Über den Noten findest du Akkordsymbole in grau und schwarz. Die schwarzen Akkorde kannst du schon selbst spielen, die grauen sind für deine Lehrerin oder deinen Lehrer gedacht, z. B. bei *Moldau On Four* auf Seite 12 oder bei *Thema aus Schwanensee* auf Seite 18.

Inhaltsverzeichnis

Seite

Seite

Three To Get Started *Stagge / Sterzik*

© Helbling

01/02

Solo: Style Play

LH: ACMP • *RH:* Piano • *Style:* 8 Beat Modern • *Tempo:* ♩ = 110 • *Software:* User 001, Bank 1/2

Workshop: Tasten und Noten

Am Anfang eines Notensystems steht ein Notenschlüssel, z. B. der Violinschlüssel, auch G-Schlüssel genannt. Er legt die zweite Linie als G-Linie fest. Die Noten darunter werden immer abwechselnd auf und zwischen den Notenlinien notiert. Die Benennung der weißen Tasten, der Stammtöne, erfolgt nach dem Alphabet (hier rückwärts, da es abwärts geht). Für die letzte Note c' gibt es keine durchgehende Linie mehr, deswegen notiert man diese Note auf einer Hilfslinie.

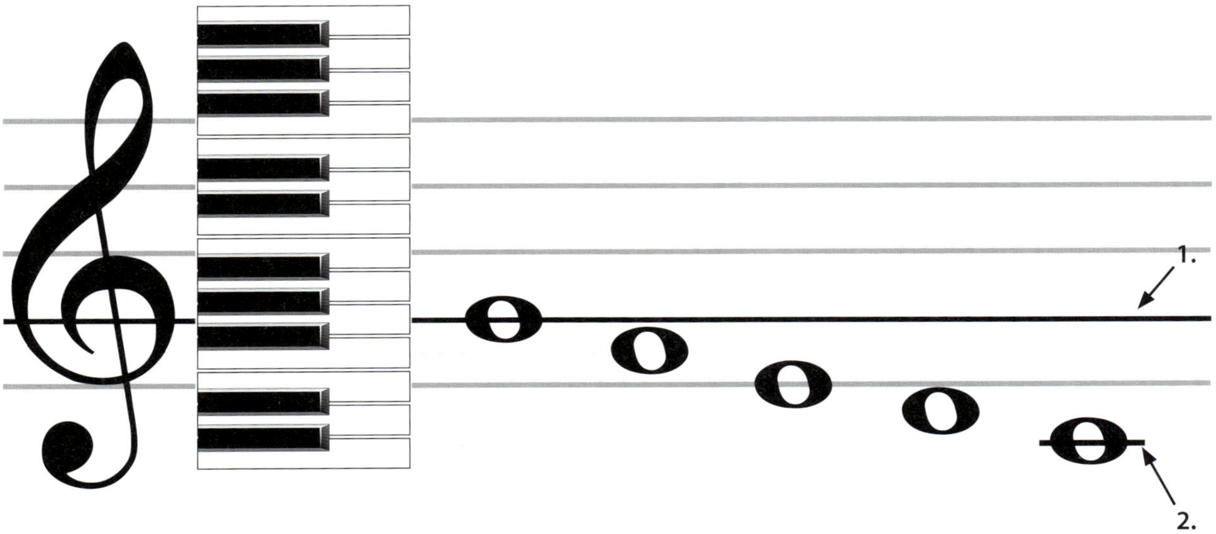

Benenne die Noten. ________________________________

Benenne die mit Pfeilen gekennzeichneten musikalischen Zeichen.

1. ______________________ 2. ______________________

Workshops: Notensystem und Notenwerte

Ein Notensystem besteht in der Regel aus fünf Notenlinien. Am Anfang der Zeile wird ein Notenschlüssel notiert, hier der Violinschlüssel. Dahinter steht die Taktart, hier 4/4-Takt. Die Noten werden abwechselnd auf den Notenlinien und in den Zwischenräumen notiert. Taktstriche gliedern die Noten passend zur Taktangabe. Am Ende des Musikstücks steht ein Doppeltaktstrich, der Schlussstrich.

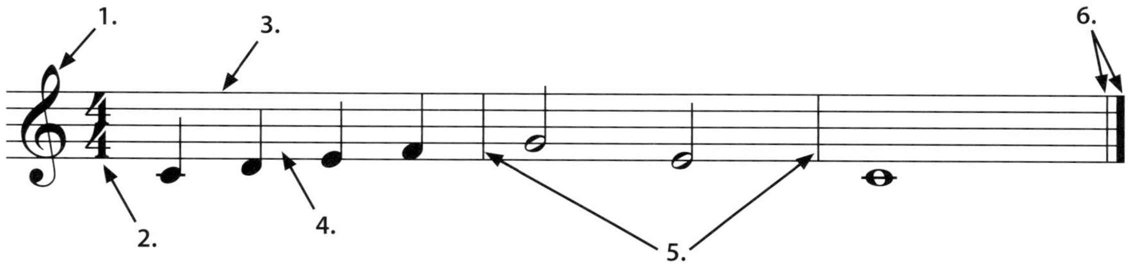

Lies den Text im grauen Kasten aufmerksam und benenne die mit Pfeilen gekennzeichneten musikalischen Zeichen.

1. ____________________ 4. ____________________

2. ____________________ 5. ____________________

3. ____________________ 6. ____________________

Rhythmen notiert man häufig auf einzelnen Linien. Ein ganzer 4/4-Takt, also der Zwischenraum zwischen zwei Taktstrichen, enthält vier Schläge. Da jede Viertelnote einen Schlag, jede Halbe Note zwei und die Ganze Note vier Schläge dauern, kann man einen Takt z. B. mit einer Ganzen Note, zwei Halben oder vier Vierteln ausfüllen. Jede Note markiert den Beginn eines Tons, er dauert bis zur nächsten Note bzw. bis zum Ende des Takts.

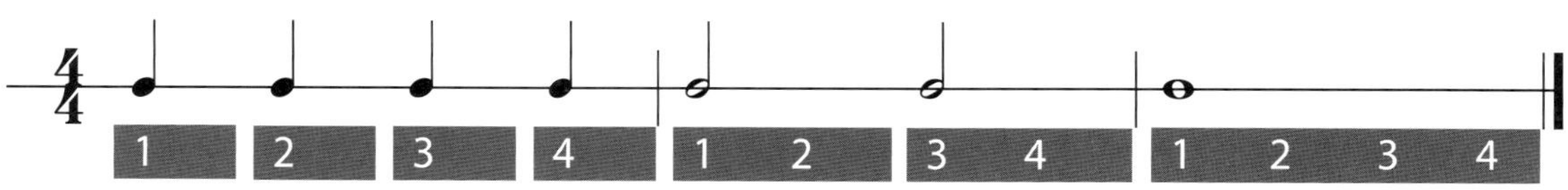

Notendauer / Zählweise

Benenne die Noten(werte) und notiere die Anzahl der Schläge im 4/4-Takt.

	Name des Notenwerts	**Anzahl der Schläge**
	____________________	__________
	____________________	__________
	____________________	__________

Go Tell Aunt Rhody *Traditional*

03/04

Solo: Style Play

RH: Sweet Flute • *Style:* Cool 8 Beat • *Tempo:* ♩ = 110 • *Software:* User 001, Bank 3/4

2. One she's been savin' (3X)
To make a feather bed.

3. She died in the millpond (3X)
From standin' on her head.

4. Goslins are crying (3X)
Because their mummy's dead.

5. Gander is weeping (3X)
Because his wife is dead.

6. *Wiederholung der 1. Strophe*

Fortsetzung *(Lehrerstimme, ohne Klassenensemble)*

Workshop: Pausen

Benenne die Pausen- / Noten(werte) und notiere die Anzahl der Schläge im 4/4-Takt.

Pausenbezeichnung	Schläge	Notenwert
______________	______	______________
______________	______	______________
______________	______	______________

Zusatzaufgabe: Spiele den *Keyboard-Percussion-Parcours* B auf Seite 94.

Klassenensemble

Vokabeln

grey goose	*Graugans*	millpond	*Mühlteich*	gander	*Ganther, männliche Gans*
feather bed	*Federbett*	goslings	*Gössel, Gänseküken*	weep	*weinen*

Keynote Walk *Stagge / Sterzik*

© Helbling

05/06

Solo: Voice Play

LH/RH: Acoustic Bass • *Style:* Swing • *Tempo:* ♩ = 120 • *Software:* User 001, Bank 5/6

Workshop: Notenschlüssel 1

Für das Spiel mit der linken Hand und zur Notation tieferer Töne verwendet man den Bass-/F-Schlüssel.

1. Notiere jeweils fünf Violin- und fünf Bassschlüssel in einem leeren Notensystem, z. B. auf Seite 14.

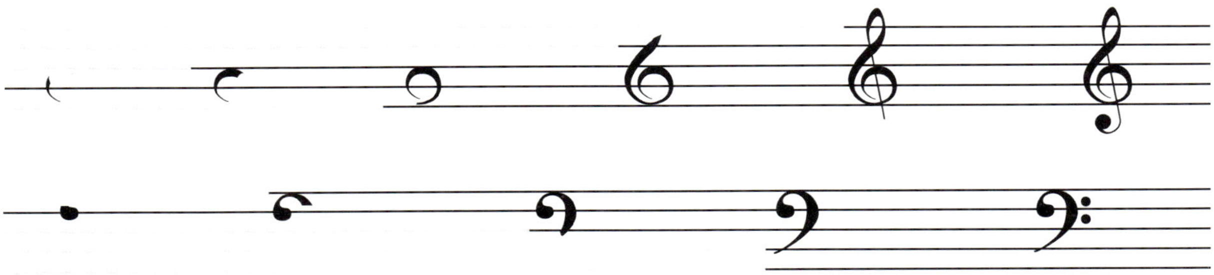

2. Spiele und benenne die Noten.

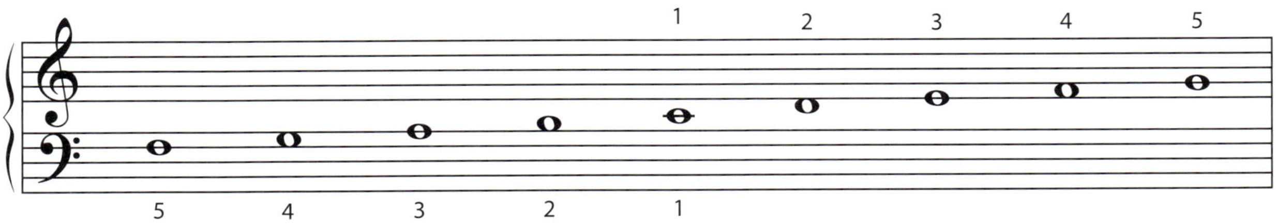

Klassenensemble

Moldau On Four *Friedrich Smetana*

07/08

Solo: Voice Play

LH/RH: Strings • *Style:* Guitar Ballad (Mellow 8 Beat) • *Tempo:* 𝅗𝅥 = 70 • *Software:* User 001, Bank 7/8

Workshop: Pausen notieren

Vervollständige die Takte mit Pausen. Spiele den Rhythmus mit der *Keyboard Percussion*.

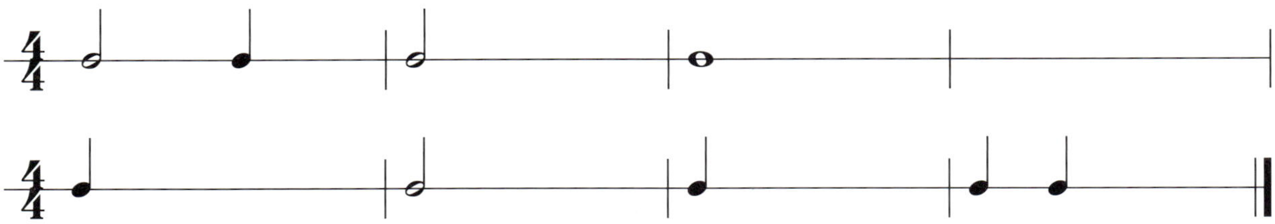

Workshop: Rhythmuswerkstatt

Sprich die Keyboardbegriffe und tippe dazu die Silben mit. Achte dabei auf die Anzahl, Betonung und Länge der Silben. Klatsche anschließend die Rhythmusbausteine und ordne die Worte den passenden Bausteinen zu. **Tipp**: Zwei Worte passen nicht.

Voice

Lautsprecher

Pitch Bend

Notenständer

Notenablage

Kopfhöreranschluss

Zahlenfeld

Klassenensemble

Walking Dance *Anne Terzibaschitsch*

09/10

Solo: Style Play

LH: ACMP (Fingered) • *RH:* E-Piano • *Style:* 8 Beat Modern • *Tempo:* ♩ = 120 • *Software:* User 002, Bank 1/2

Workshop: Koordination

1. Übe zunächst LH und RH des Solo-Arrangements separat.
2. Spiele anschließend nachfolgende Patterns mit der *Keyboard Percussion*.
3. Übe dann mit beiden Händen gemeinsam das Solo-Arrangement *Walking Dance*.

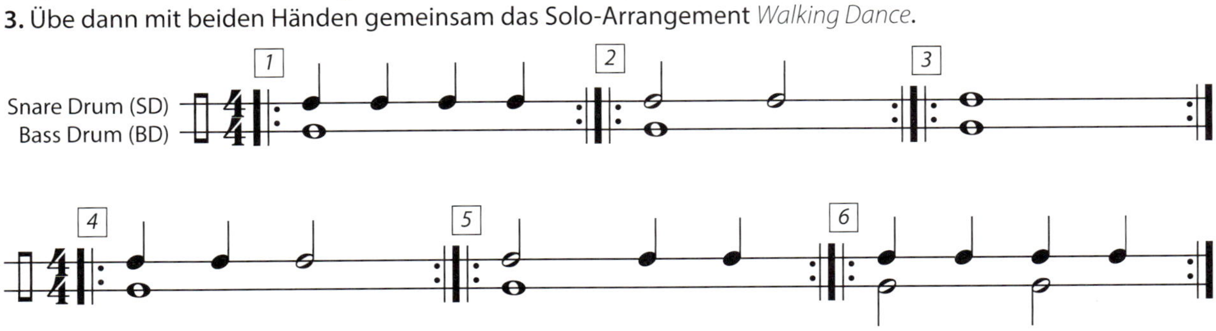

Workshop: Notenschlüssel 2

Notiere jeweils fünf Violin- und fünf Bassschlüssel.

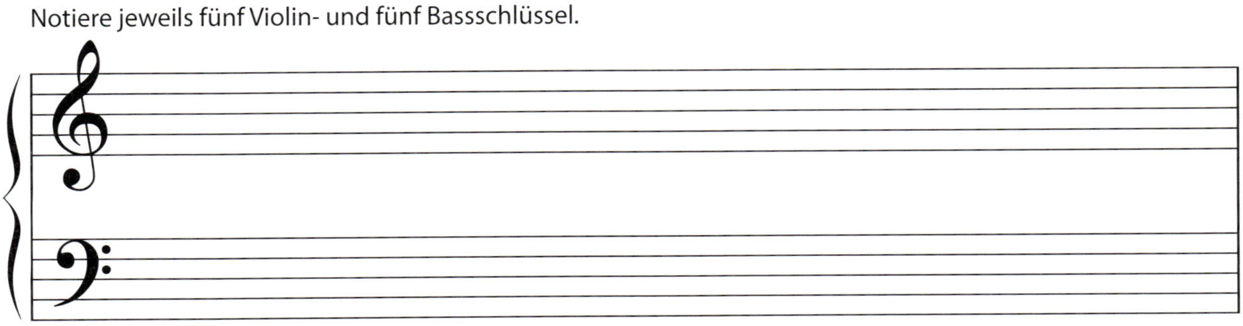

Klassenensemble

Europa-Lied *Traditional aus Bulgarien*

11/12

Solo: Split Play

LH: Marcato Strings od. Timpani • *RH:* Trumpet • *Style:* Piano Ballad (Mellow 8 Beat) • *Tempo:* 𝅗𝅥 = 60 • *Software:* User 002, Bank 3/4

Workshop: Taktstriche und Notennamen

1. Setze im *Europa-Lied* die fehlenden Taktstriche.

2. Benenne bzw. notiere folgende Noten.

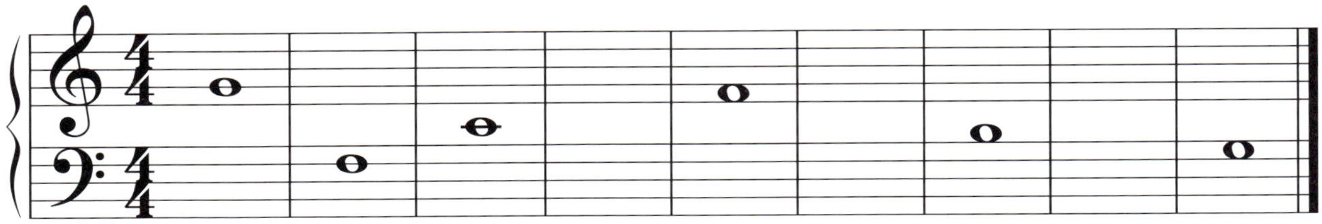

_____ _____ _____ a _____ d' _____ e' _____

3. Erfinde eine ähnliche Aufgabe für deine Nachbarin / für deinen Nachbarn.

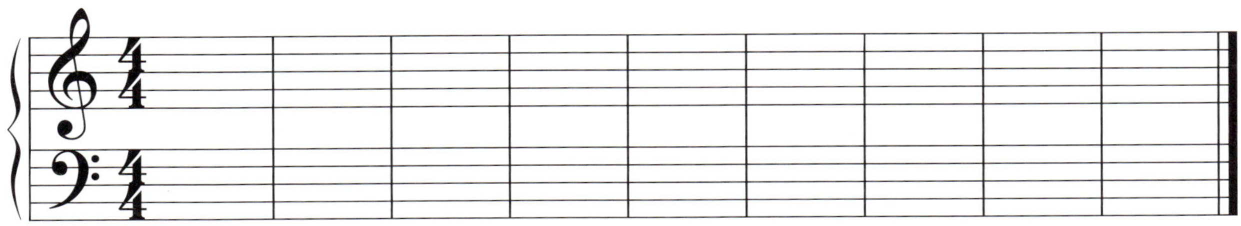

Klassenensemble

Workshop: Punktierte Halbe

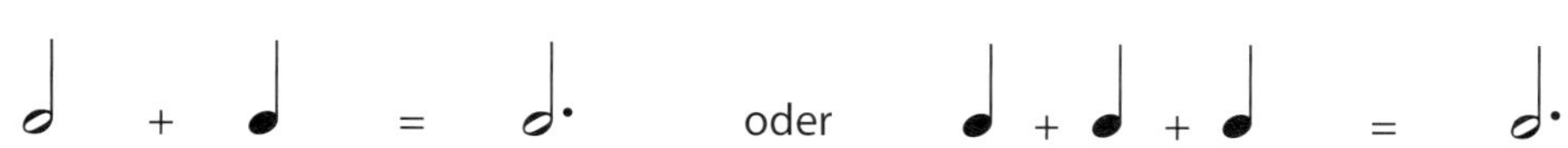

1. Vervollständige die Takte mit jeweils einem passenden Notenwert.

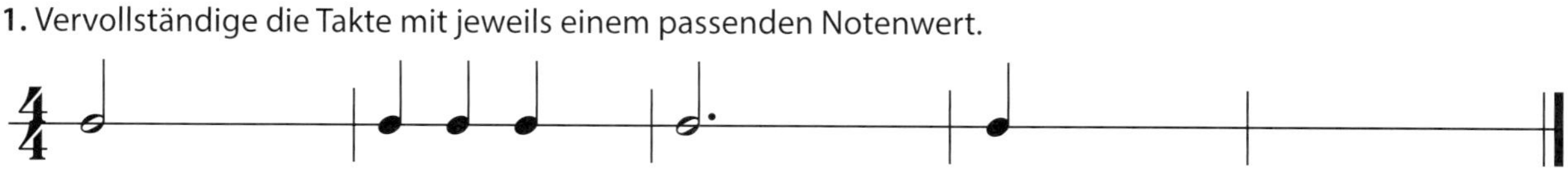

2. Berechne die Notenwerte.

 (Anzahl der Schläge)

 (Anzahl der Schläge)

3. Erfinde eine ähnliche Aufgabe für deine Nachbarin / für deinen Nachbarn.

Thema aus Schwanensee *Peter Tschaikowski*

13/14

Solo: Voice Play

LH/RH: Oboe • *Style:* Bubblegum Pop (Mellow 8 Beat) • *Tempo:* 𝅗𝅥 = 60 • *Software:* User 002, Bank 5/6

Fortsetzung *(Lehrerstimme, ohne Klassenensemble)*

Aufgabe: Spiele den *Keyboard-Percussion-Parcours* C auf Seite 94.

Klassenensemble

© Helbling

Bow Down Mister *Boy George*

Text u. Musik: George Alan O'Dowd

15/16

Solo: Style Play

LH: ACMP • *RH:* 60s Clean Guitar • *Style:* Guitar Pop (16 Beat) • *Tempo:* 𝅗𝅥 = 82 • *Software:* User 002, Bank 7/8

Workshop: Taktstriche

Setze die fehlenden Taktstriche im Stück *Bow Down Mister.*

Zusatzaufgaben: Spiele den *Keyboard-Percussion-Parcours* D auf Seite 94.
Bearbeite den Workshop S. 43, benenne die dir bisher bekannten Keyboard-Percussion-Instrumente.

Vokabeln

Bombay	*indische Hafenstadt*	bow down	*verbeuge dich (relig. Geste)*	Hindus	*Anhänger einer (indischen) Religion*
Bangalore	*südindische Großstadt*	score	*Stand*		

Klassenensemble

Tom Kit *Stagge / Sterzik*

© Helbling

17

Klassenensemble

LH/RH: Power Kit • *Tempo:* ♩ = 130 • *Software:* User 003, Bank 1/2

Workshop: Achtelnoten

Viertelnoten lassen sich noch weiter unterteilen, und zwar in Achtelnoten. Zwei Achtel entsprechen vom Notenwert einer Viertelnote. Jede Achtel erhält z. B. im 4/4-Takt einen halben Schlag. Notiert man einzelne Achtel, verwendet man Fähnchen. Mehrere Achtel nacheinander kann man mit einem Balken verbinden, um das Lesen zu erleichtern.

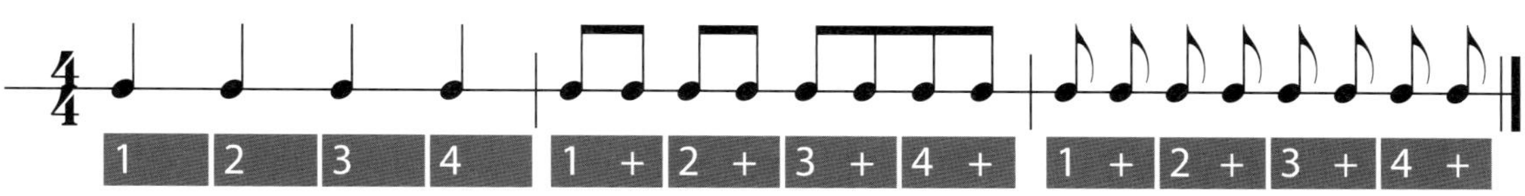

Notendauer / Zählweise

1. Addiere die Notenwerte und notiere das jeweilige Ergebnis als einen Notenwert in die leeren Kästchen.

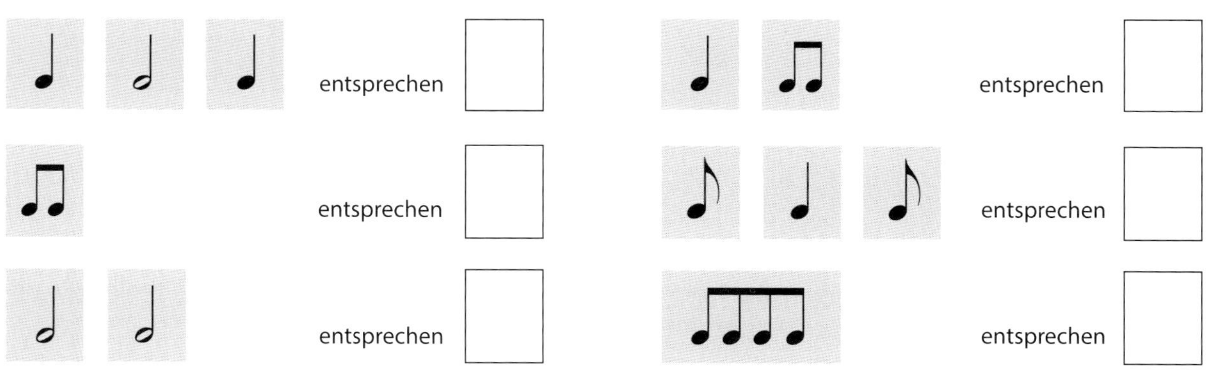

2. Erfinde eine ähnliche Aufgabe für deine Nachbarin / für deinen Nachbarn.

____

3. Vervollständige die Takte mit Achtelnoten.

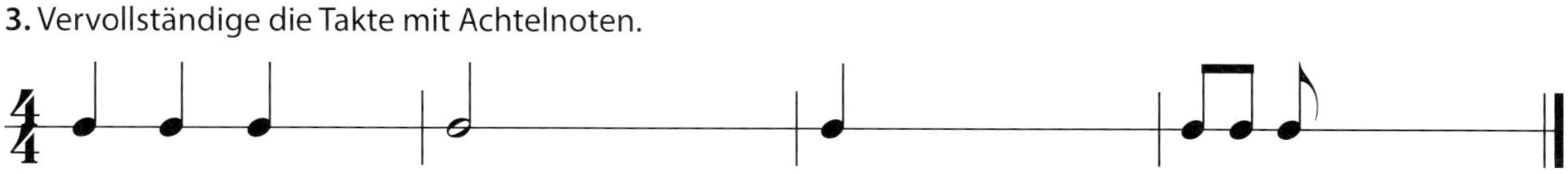

4. Spiele den *Keyboard-Percussion-Parcours* E auf Seite 94.

Zusatzaufgabe: Bearbeite den Workshop S. 43, benenne die dir bisher bekannten Percussion-Instrumente.

Skip To My Lou *Traditional*

18/19

Solo: Style Play

LH: ACMP (Fingered) • *RH:* Harmonica • *Style:* Country Pop (Country 8 Beat) • *Tempo:* ♩ = 150 • *Software:* User 003, Bank 3/4

Intro

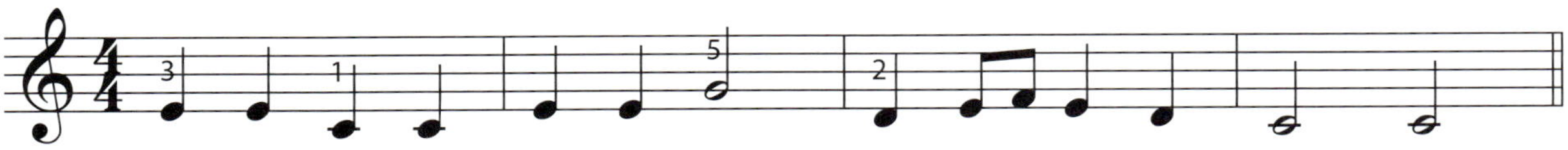

Strophe

Workshop: Rhythmus-Variationen

1. Zu welcher Textstrophe passt der Melodierhythmus im Solo-Arrangement oben am besten? Lies die einzelnen Strophen in einem sinnvollen Sprachrhythmus. Ergänze dann den Text der passenden Strophe oben im Stück.

2. Wie müsste man den Melodierhythmus des Solo-Arrangements mit Achtelbausteinen verändern, damit er zu den jeweiligen Textstrophen passt? Sprich die einzelnen Strophen, spiele dazu und notiere die verschiedenen Rhythmen in den folgenden Zeilen über jeder Strophe.

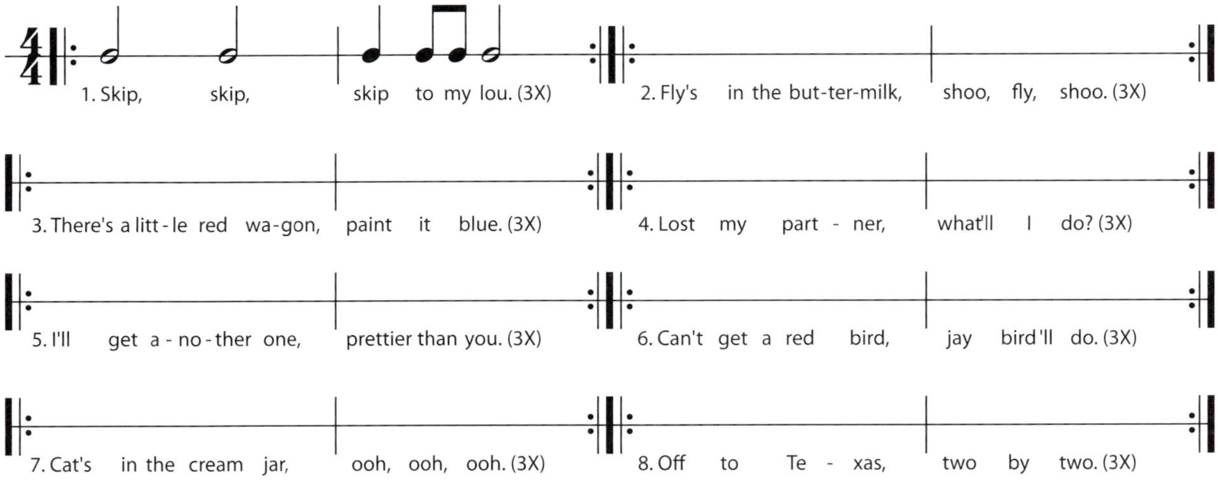

Klassenensemble

Aufgaben: Notiere die Noten-/Pausenwerte im 4/4-Takt im *Music Theory Summit* auf Seite 92.
Spiele den *Keyboard-Percussion-Parcours* E auf Seite 94.

Vokabeln

skip	*hüpfen*	shoo	*husch*	cream jar	*Sahneschüssel*
lou	*Liebe (abgeleitet aus dem Schottischen)*	pretty	*hübsch*	off to texas	*auf nach Texas*
		jay bird	*Eichelhäher*	two by two	*paarweise*

Trust In Beat *Traditional*

20/21

Solo: Style Play

LH: ACMP (Fingered) • *RH:* RS Saw Lead (Synth Lead) • *Style:* Dream Dance (Chart Dance) • *Tempo:* ♩ = 118 • *Software:* User 003, Bank 5/6

Workshop: Akkorde G und C

1. Spiele die folgenden Akkorde und singe dazu auf Tonnamen bzw. Fingersatz.

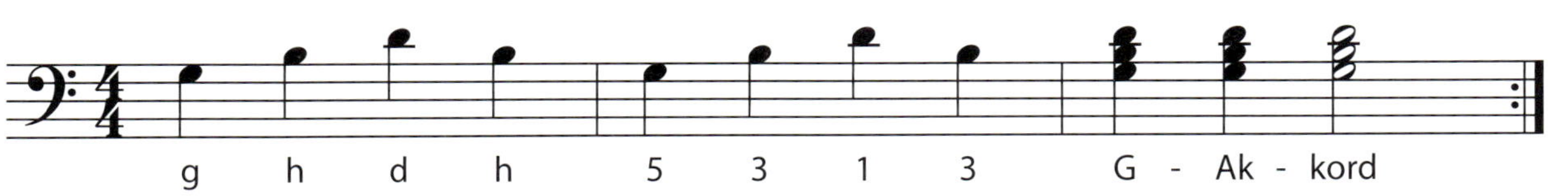

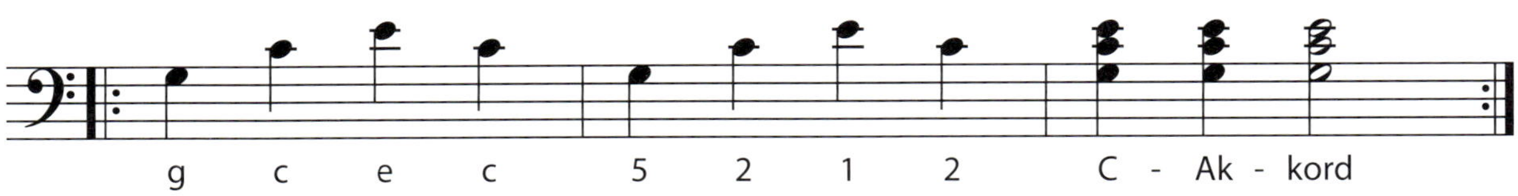

2. Musiziere bisherige Stücke mit dreistimmigen Akkorden, z. B. *Go Tell Aunt Rhody* auf Seite 8, *Walking Dance* auf Seite 14, das *Europa-Lied* auf Seite 16 und *Skip To My Lou* auf Seite 24.

3. Benenne die Akkorde C und G im *Music Theory Summit* auf Seite 93.

Klassenensemble

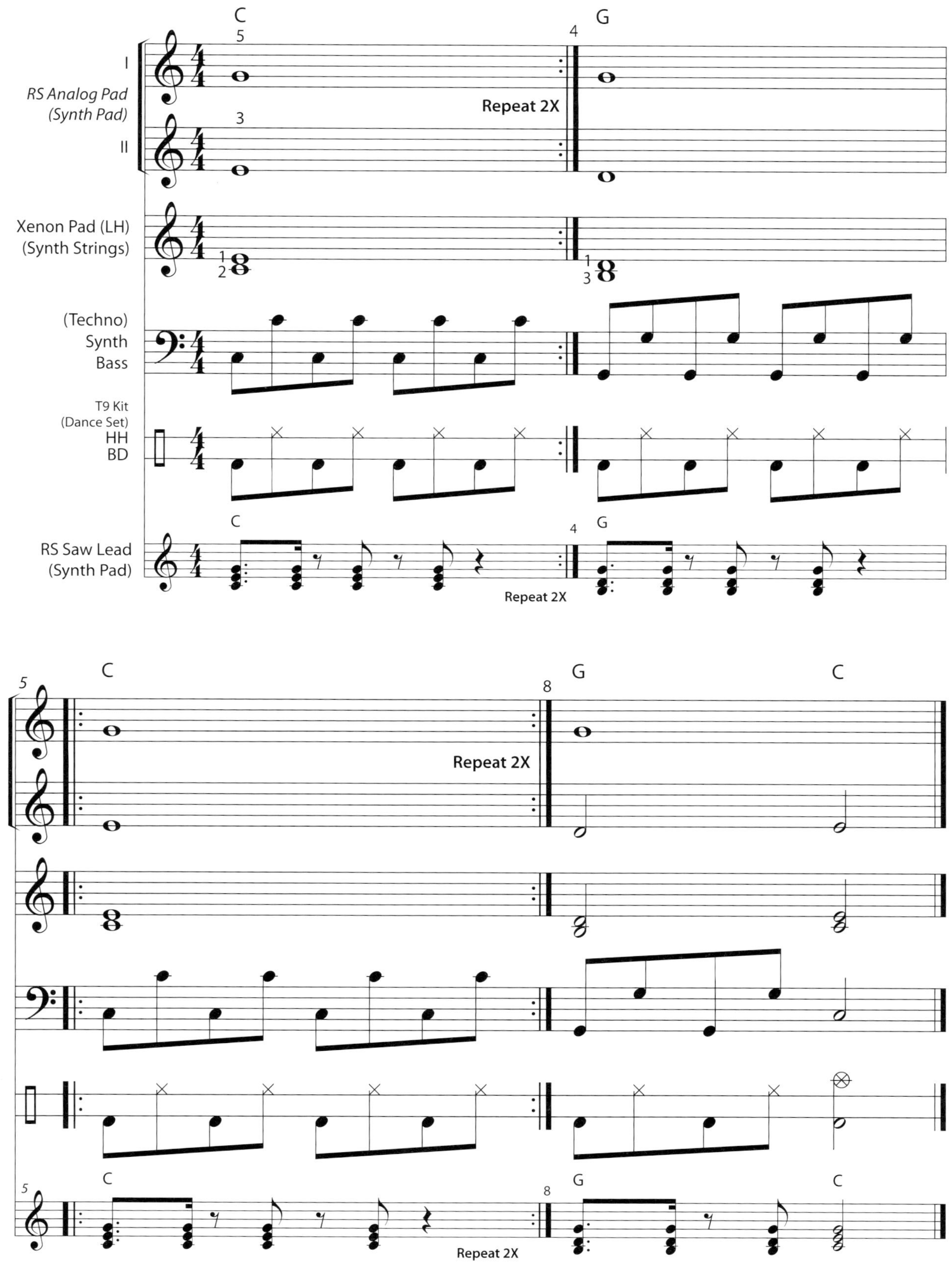

Good Morning *Traditional aus England*

22/23

Solo: Style Play

LH: ACMP (Fingered) • *RH:* Jazz Organ • *Style:* Pop Guitar Ballad (Mellow 8 Beat) • *Tempo:* ♩ = 132 • *Software:* User 003, Bank 7/8

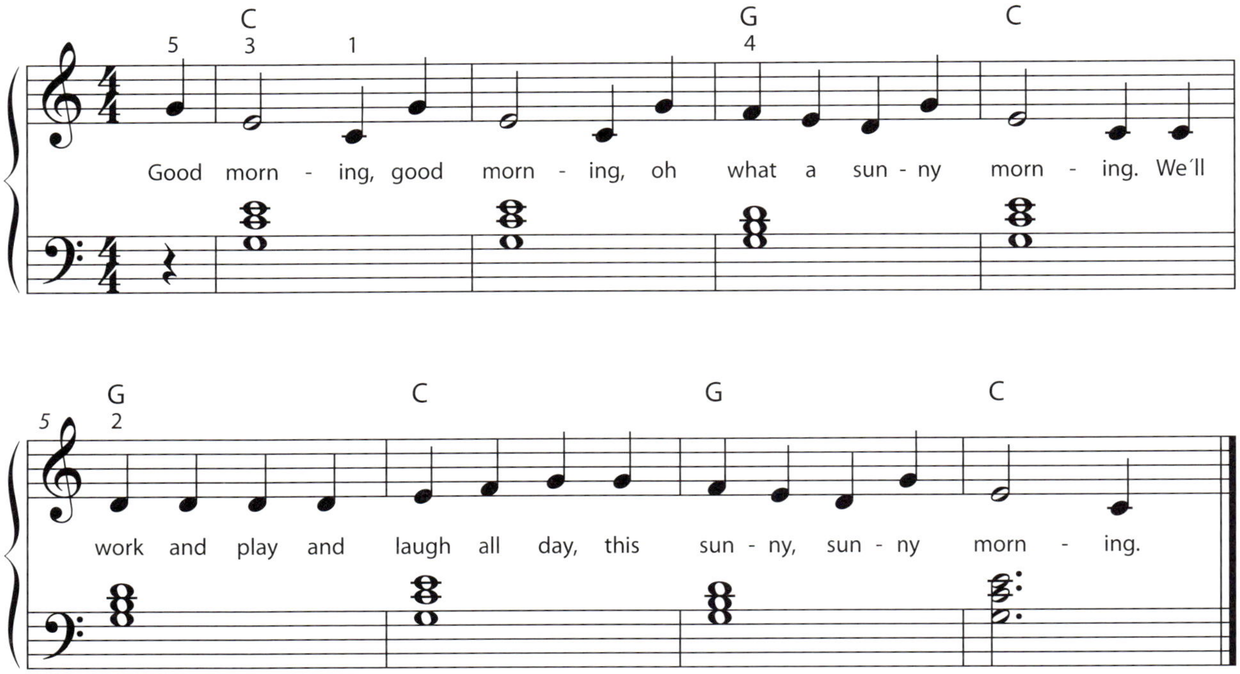

Workshop: Auftakt

1. Spiele das folgende Stück. Kommt dir die Melodie bekannt vor? Was hat sich verändert?

2. Erweitere das *Europa-Lied* auf Seite 16 sowie *Trust In Beat* auf Seite 26 um Auftakte.

3. Notiere den Auftakt von *Good Morning* im *Music Theory Summit* auf Seite 93.

Klassenensemble

© Helbling

Uh La La La *Alexia*

Musik: Roberto Zanetti, Originaltext: Alessia Aquilani
© Little H Music Media / Peermusic (Germany)

24/25

Solo: Style Play

LH: ACMP (Fingered) • *RH:* Brightness • *Style:* Hip Hop Pop • *Tempo:* 𝅗𝅥 = 90 • *Software:* User 004, Bank 1/2

Workshop: Haltebogen

Notiere den entsprechenden Notenwert als eine Note.

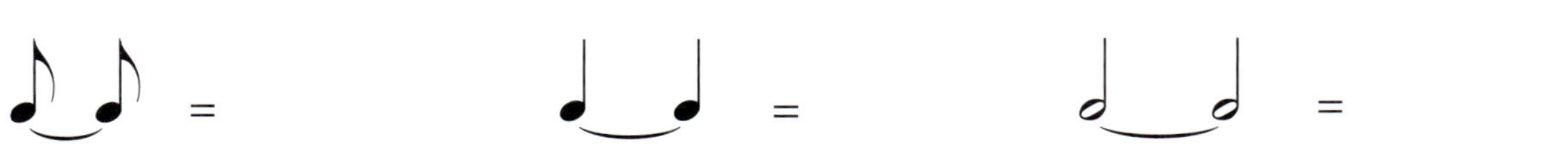

Klassenensemble

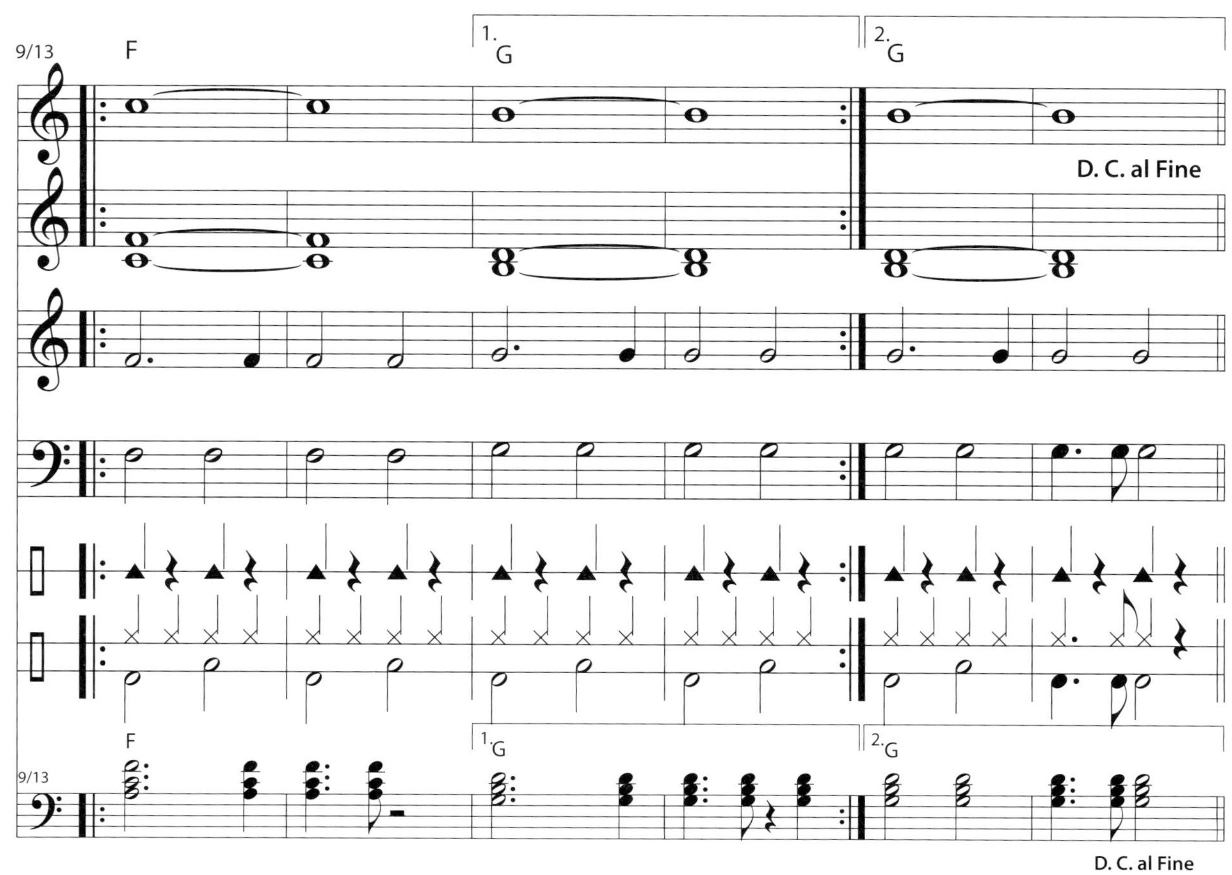

London Bridge *Old English Traditional*

26/27

Solo: Split Play / Style Play

LH: Acoustic Bass • *RH:* Oboe • *Style:* Cool 8 Beat • *Tempo:* ♩ = 98 • *Software:* User 004, Bank 3/4

2. Build it up with iron bars,
Iron bars, iron bars,
Build it up with iron bars,
My fair Lady.

3. Iron bars will bend and break,
Bend and break, bend and break,
Iron bars will bend and break,
My fair Lady.

4. Build it up with gold and silver,
Gold and silver, gold and silver,
Build it up with gold and silver,
My fair Lady.

Workshop: Punktierte Viertelnoten

Musiziere zur Vorbereitung von *London Bridge* den Anfang und den Schluss zunächst spaltenweise.
Achte dabei auf den sich verändernden Rhythmus und die rhythmische Notation.

Vokabeln

iron bars	*Eisenstangen*	bend	*biegen*	break	*brechen*

Klassenensemble

© Helbling

Workshop: Akkorde G, C und F

1. Spiele die folgenden Akkorde und singe dazu auf Tonnamen bzw. Fingersatz.

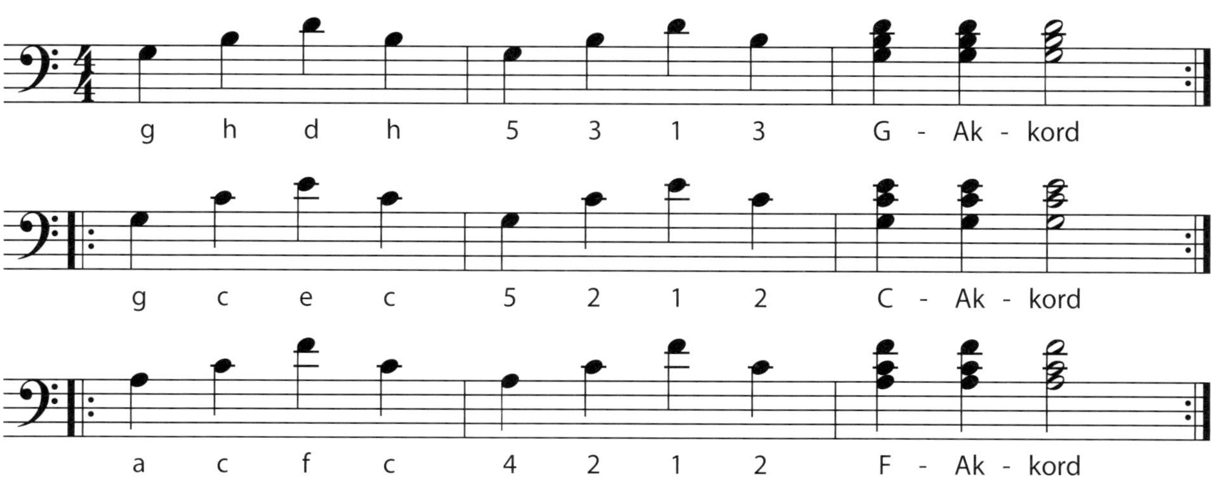

2. Musiziere bisherige Stücke mit dreistimmigen Akkorden, z. B. *Bow Down Mister* auf Seite 20 und *Uh La La La* auf Seite 30.

3. Benenne im *Music Theory Summit* die Noten auf Seite 92 (Zeile 1) und die o. g. Akkorde auf Seite 93.

Zusatzaufgabe: Spiele den *Keyboard-Percussion-Parcours* [F] auf Seite 94.

Bad Moon Rising *John Fogerty*

28/29

Solo: Split Play / Style Play

LH: Pick (E-)Bass • *RH:* 60s Clean Guitar • *Style:* Blues Rock • *Tempo:* ♩ = 180 • *Software:* User 004, Bank 5/6

2. I hear hurricanes blowing,
I know the end is coming soon.
I fear rivers overflowing,
I hear the voice of raze and ruin.

Refrain, Instrumental

3. Hope you got your things together,
Hope you are quite prepared to die.
Looks like we're in for nasty weather,
One eye is taken for an eye.

Refrain (2X)

Vokabeln					
bad moon...	*„schwarze Wolken...*	lightning	*Blitze*	raze and ruin	*Zerstörung und Untergang*
(a)rising	*ziehen auf"*	they're bound...	*„sie werden dir...*	be prepared	*vorbereitet sein*
trouble	*Ärger*	to take your life	*das Leben nehmen"*	we're in for	*uns droht*
earthquake	*Erdbeben*	overflow	*über (die Ufer) treten*	nasty weather	*schlechtes Wetter*
		voice	*Stimme*	eye for an eye	*Auge um Auge*

Klassenensemble

A-Tisket, A-Tasket *Ella Fitzgerald*

Text u. Musik:
Ella Fitzgerald, Van Alexander
© EMI Partnership

30/31

Solo: Style Play

LH: ACMP (Fingered) • *RH:* Honky Tonk Piano • *Style:* Dixieland • *Tempo:* ♩ = 170 • *Software:* User 004, Bank 7/8

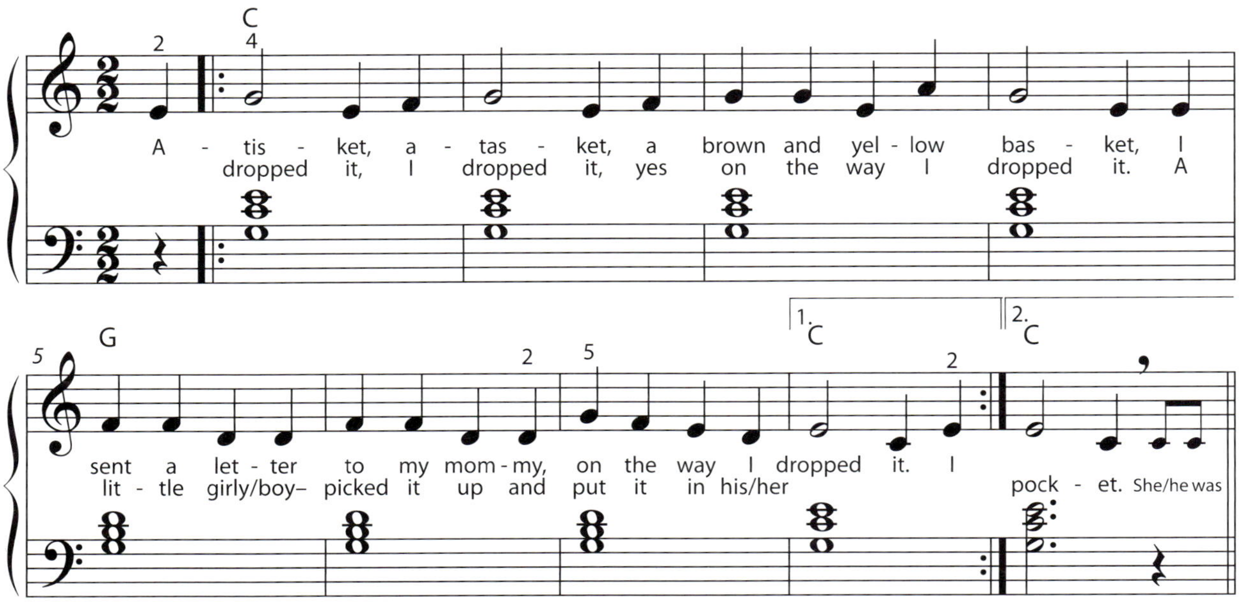

Zwischenteil *(Lehrerstimme, ohne Klassenensemble)*

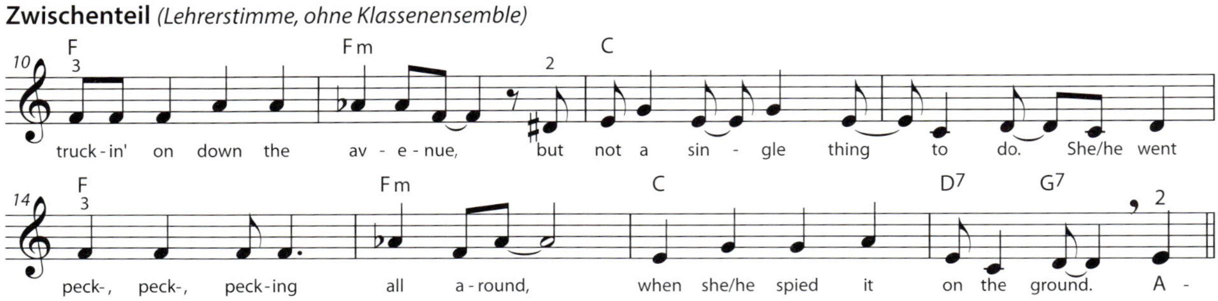

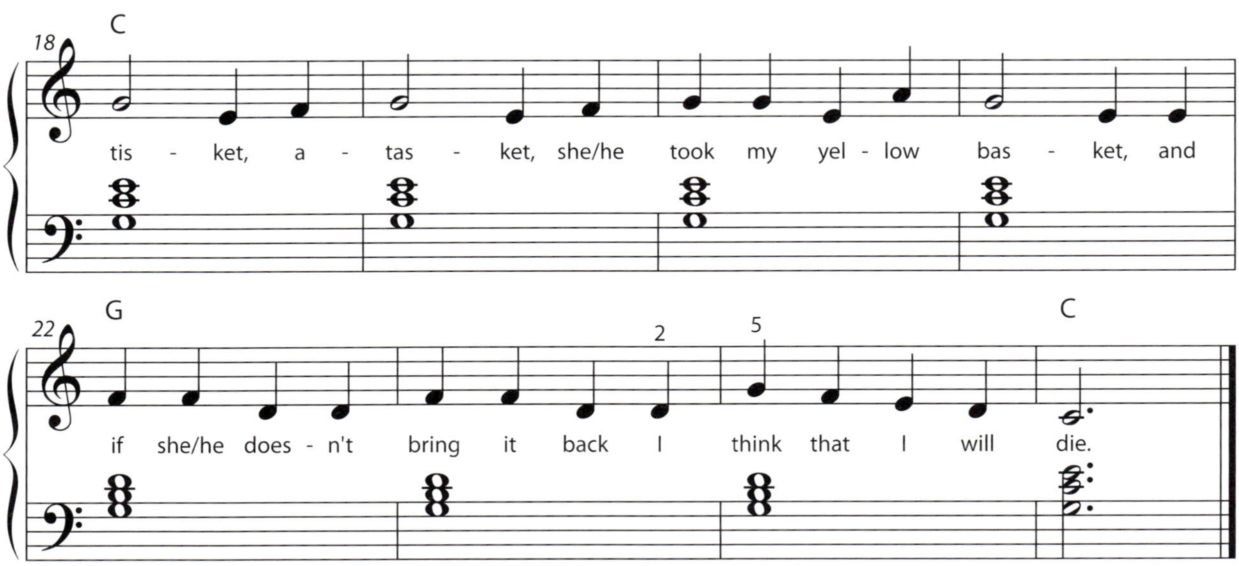

Vokabeln

basket	*Korb*	pocket	*Tasche*	pecking	*picken, hacken*
drop sth.	*etwas fallen lassen*	truckin'	*schlendern*	spy	*„erspähen"*
pick up	*aufheben*	avenue	*Hauptstraße*	die	*sterben*

Klassenensemble

(Zwischenteil folgt)

Stern über Bethlehem *Alfred Hans Zoller*

32/33

Text u. Melodie: Alfred Hans Zoller

Solo: Split Play / Style Play

LH: Dance Bass (Synth Bass) • *RH:* Bright Piano / Strings • *Style:* Swing House (Chart Dance) • *Tempo:* ♩ = 100 • *Software:* User 005, Bank 1/2

2. Stern über Bethlehem, nun bleibst du stehn
Und lässt uns alle das Wunder hier sehn,
Das da geschehen, was niemand gedacht.
Stern über Bethlehem, in dieser Nacht.

3. Stern über Bethlehem, wir sind am Ziel,
Denn dieser arme Stall birgt doch so viel.
Du hast uns hergeführt, wir danken dir:
Stern über Bethlehm, wir bleiben hier.

4. Stern über Bethlehem, kehrn wir zurück,
Steht noch dein heller Schein in unserm Blick.
Und was uns froh gemacht, teilen wir aus.
Stern über Bethlehem, schein auch zu Haus.

Workshop: Akkord Am

Spiele und singe dazu auf Tonnamen bzw. Fingersatz.

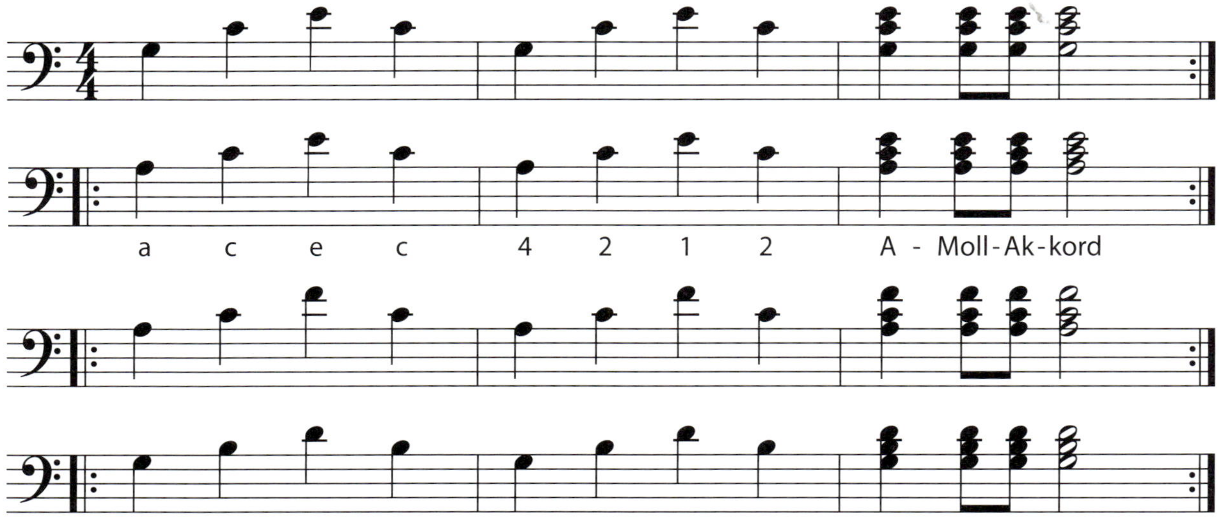

Zusatzaufgabe: Spiele den *Keyboard-Percussion-Parcours* [H] auf Seite 95.

Klassenensemble

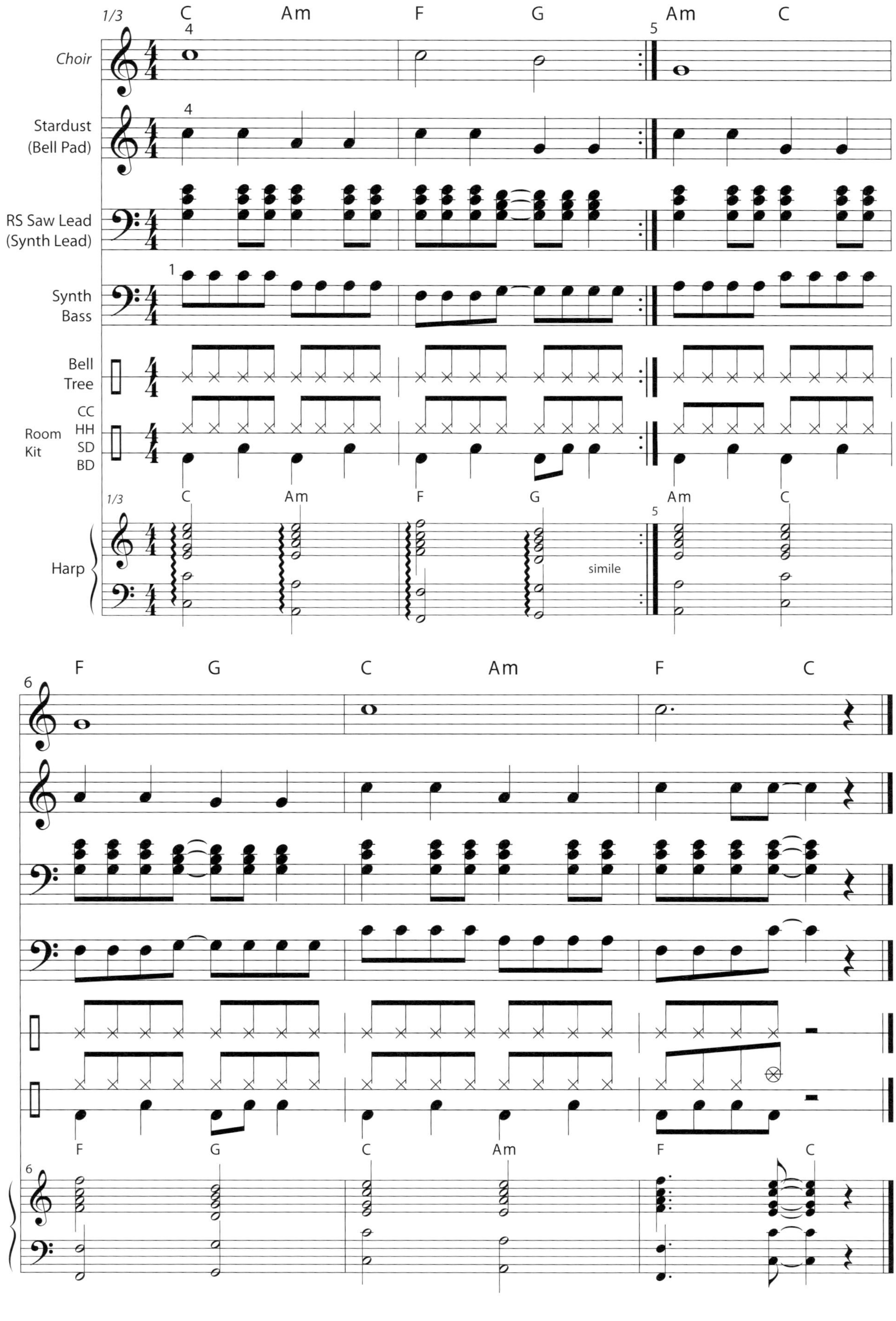

This Land Is Your Land *Woody Guthrie*

34/35

© Ludlow Music Inc. / Essex Musikvertrieb

Solo: Style Play

LH: ACMP (Fingered) • *RH:* Harmonica • *Style:* Country Swing • *Tempo:* ♩ = 140 • *Software:* User 005, Bank 3/4

2. As I went walking that ribbon of highway,
I saw above me that endless skyway,
I saw below me that golden valley –
This land was made for you and me.

3. I roamed and I rambled, I followed my footsteps,
To the sparkling sands of her diamond deserts,
While all around me, a voice was sounding –
This land was made for you and me.

4. When the sun came shining, and I was strolling, / And the wheat fields waving and the dust clouds rolling,
A voice was chanting, as the fog was lifting – / This land was made for you and me.

Vokabeln

Redwood Forest *Wald im kalifornischen Nationalpark*

ribbon	*„(schlängelndes) Band“*	sparkle	*funkeln*	wave	*winken*
endless skyway	*„endloser Horizont“*	desert	*Wüste*	dust clouds	*Staubwolken*
valley	*Tal*	voice	*Stimme*	roll	*rollen*
roam	*umherlaufen*	stroll	*bummeln*	chant	*singen*
ramble	*wandern*	wheat fields	*Weizenfelder*	lifting fog	*sich auflösender Nebel*

Klassenensemble

Im Stadion *Stagge / Sterzik*

36

Klassenensemble

LH/RH: Power Kit • *Tempo:* ♩ = 130 • *Software:* User 005, Bank 5/6

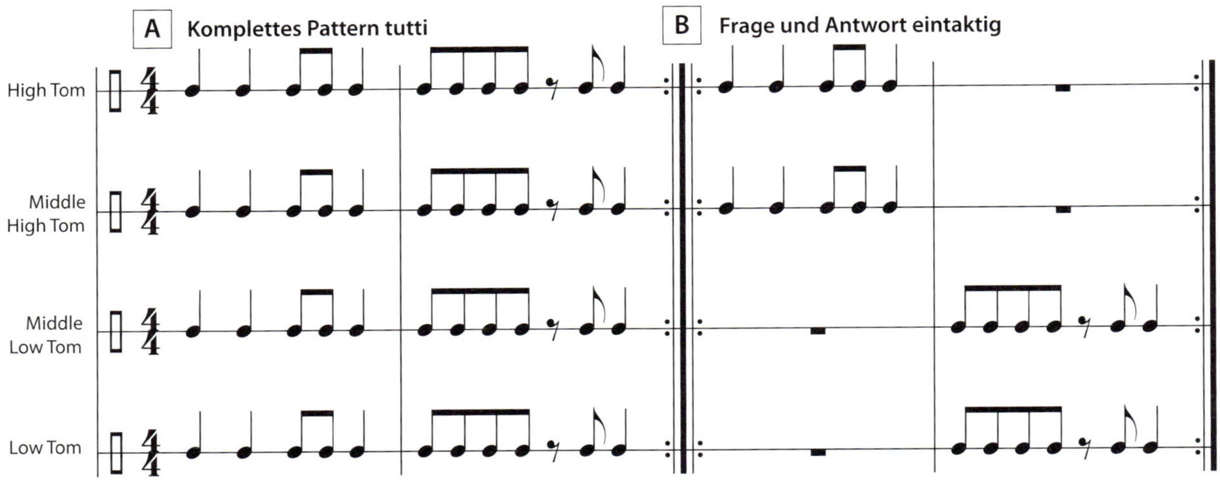

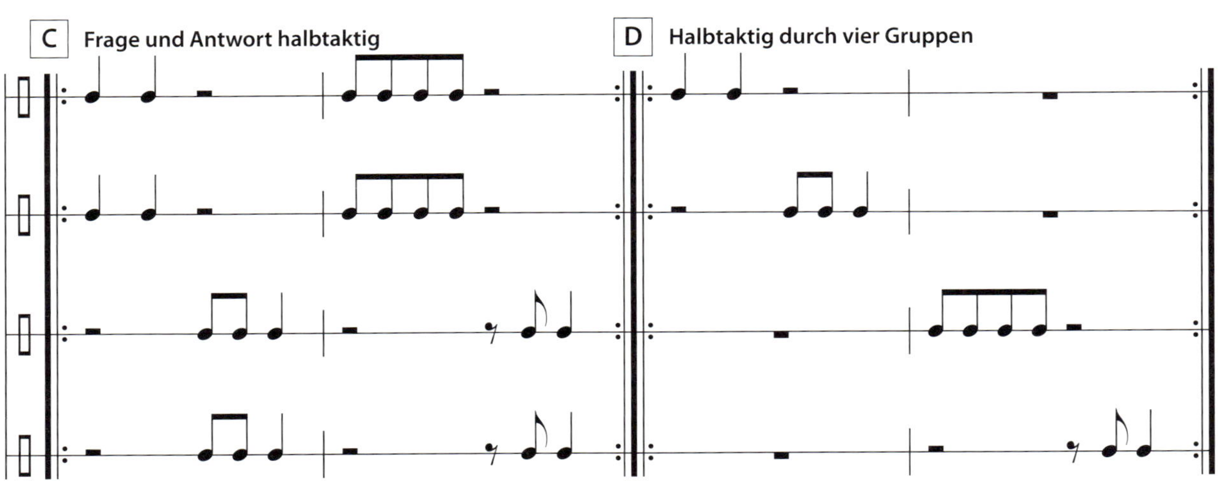

Workshop: Percussion-Ensemble

1. Erarbeitet das notierte Percussion-Ensemble.
2. Variiert die verschiedenen rhythmischen Bausteine, verwendet dazu auch andere Percussion-Instrumente.
3. Überlegt euch einen musikalisch abwechslungsreichen Ablauf und gestaltet ein wirkungsvolles Ending.

Noten und Notizen

Workshop: Keyboard-Percussion-Belegung

1. Benenne nach und nach die dir bekannten Instrumente der *Keyboard Percussion* beim *Standard Kit.*
2. Füge ggf. die entsprechende Abkürzung hinzu, z. B. Bass Drum (**BD**).

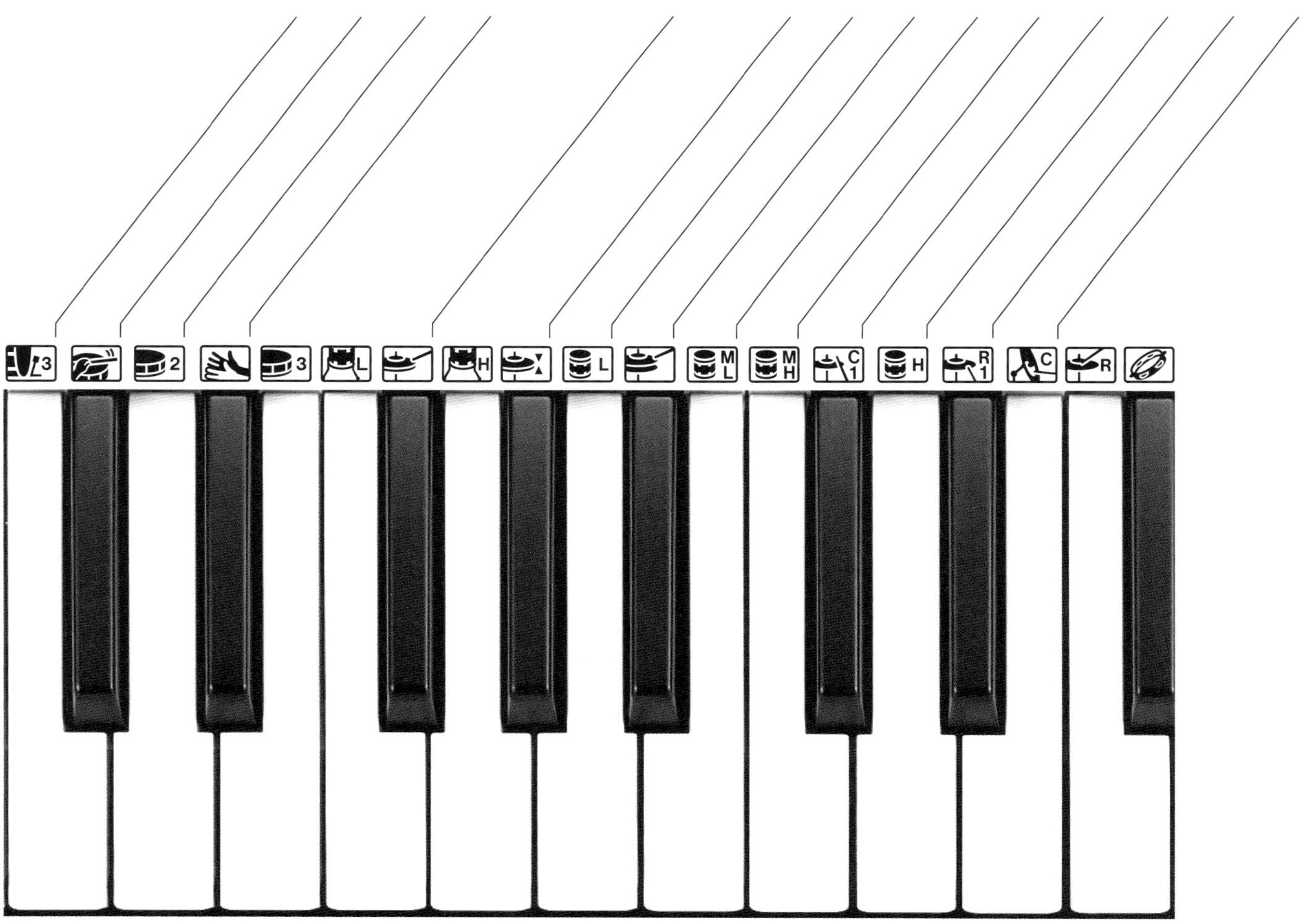

Kumbaya, My Lord *Spiritual*

Bearbeitung: John Higgins
© Hal Leonard Europe

37/38

Solo: Style Play

LH: ACMP (Fingered) • *RH:* Marimba/Choir • *Style:* Pop Ballad (Mellow 8 Beat) • *Tempo:* 𝅗𝅥 = 70 • *Software:* User 005, Bank 7/8

Begleitstimme bei Wiederholung – 8va

RH: Marimba

Workshop: Koordination

LH/RH: Bass Drum / Low Tom • Latin Percussion

1. Trainiere die nachfolgenden Patterns in unterschiedlichen Instrumentierungen.
2. Erstelle aus diesen Patterns eine eigene Percussion-Begleitung für *Kumbaya.*

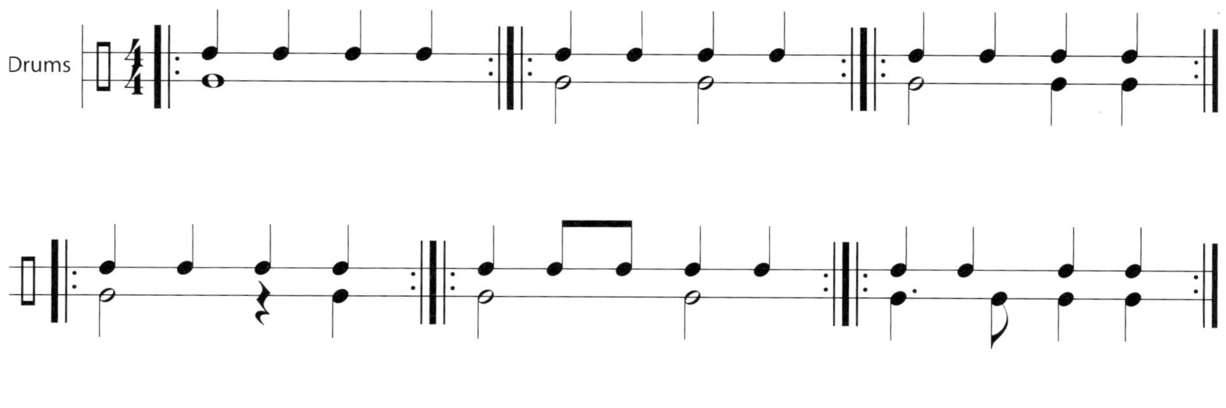

With A Little Help From My Friends

The Beatles

39/40

Text u. Musik: John Lennon, Paul McCartney

Solo: Style Play

LH: ACMP (Fingered) • *RH:* Soprano Saxophone • *Style:* 60s 8 Beat • *Tempo:* 𝅗𝅥 = 92 • *Software:* User 006, Bank 1/2

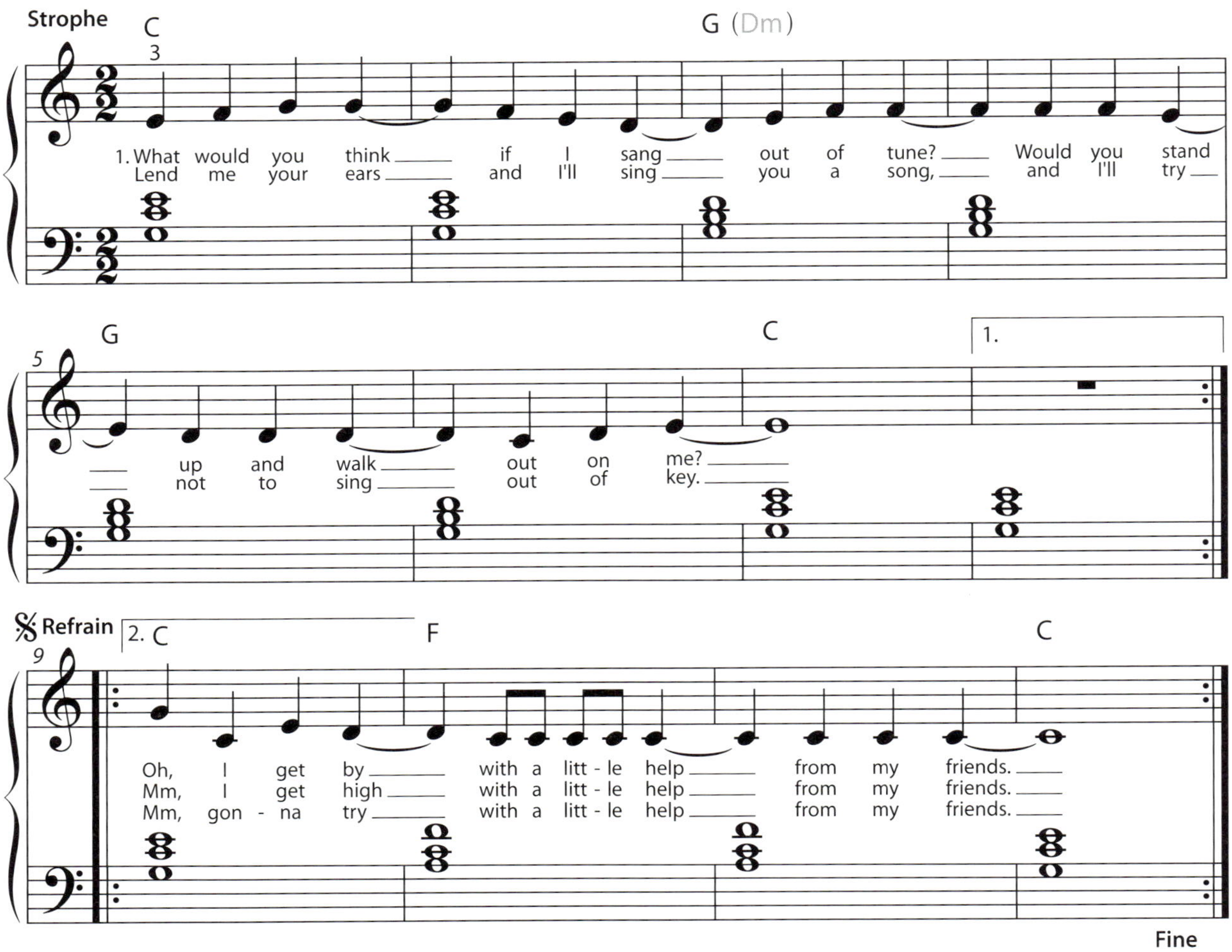

Fortsetzung *(Lehrerstimme, ohne Klassenensemble)*

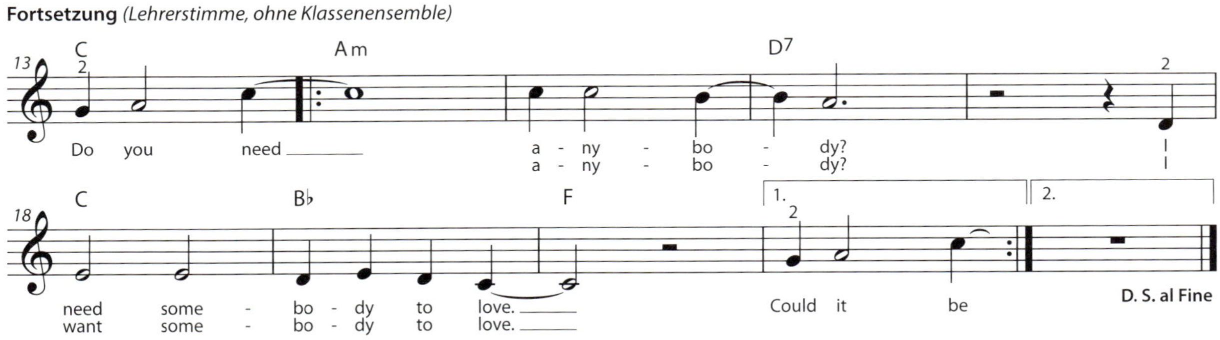

2. What do I do when my love is away?
Does it worry you to be alone?
How do I feel by the end of the day?
Are you sad because you're on your own?

Refrain: No, I get by with a little help from my friends.
Mm, get high with a little help from my friends.
Mm, gonna try with a little help from my friends.

Do you need anybody? …

3. Would you believe in a love at first sight?
Yes, I'm certain that it happens all the time.
What do you see when you turn out the light?
I can't tell you, but I know it's mine.

Refrain: Oh, I get by with a little help from my friends.
Mm, get high with a little help from my friends.
Oh, I'm gonna try with a little help from my friends.

Do you need anybody? …

Refrain: Oh, I get by with a little help from my friends.
Mm, gonna try with a little help from my friends.
Oh, I get high with a little help from my friends.
Yes, I get by with a little help from my friends,
With a little help from my friends.

Ah-ah …

Klassenensemble

Vokabeln

out of tune	*„verstimmt“*	key	*Tonart*	sad	*traurig*
lend an ear	*„Ohr leihen“, zuhören*	get by	*zurecht kommen*	certain	*sicher*

Macarena *Los del Río*

Text u. Musik: Antonio Romero Monge,
Rafel Ruiz Perdigones

41/42

Solo: Voice Play

LH/RH: Bandoneon • *Style:* Showtune (Electro Pop) • *Tempo:* 𝅗𝅥 = 76 • *Software:* User 006, Bank 3/4

1. When I dance they call me Macarena,
And the boys they say „que soy buena"
They all want me, they can't have me
So they all come and dance beside me
Move with me, chat with me
And if you could I'd take you home with me.

Refrain
Dale a tu cuerpo alegría Macarena,
Que tu cuerpo es pa' darle alegria y cosa buena,
Dale a tu cuerpo alegria Macarena,
Hey Macarena.

2. Now don't you worry about my boyfriend
The boy who's name is Vitorino
I don't want him, couldn't stand him
He was no good so I ...
Now come on, what was I supposed to do?
He was out of town
And his two friends were so fine.

Refrain

3. Come find me, my name is Macarena.
Always at the party
„con las chicas que estan buenas"
Come join me, dance with me
And all you fellas chat along with me.

Refrain

Vokabeln

que soy buena	*„wie gut sie mich finden"*	What was I supposed to do?	*Was sollte ich machen?*
beside me	*neben mir*	out of town	*verreist*
chat	*reden, „schnacken", flirten*	con las chicas que estan buenas	*mit den „coolen Mädels"*
don't you worry	*„mach dir keine Sorgen"*	join me	*mach mit*
couldn't stand him	*konnte ihn nicht leiden*	fellas	*Typen*

Klassenensemble

Workshop: Koordination

1. Spiele zunächst diese Patternfolge mit der *Keyboard Percussion*.

2. Übe dann mit beiden Händen das Stück *Macarena*.

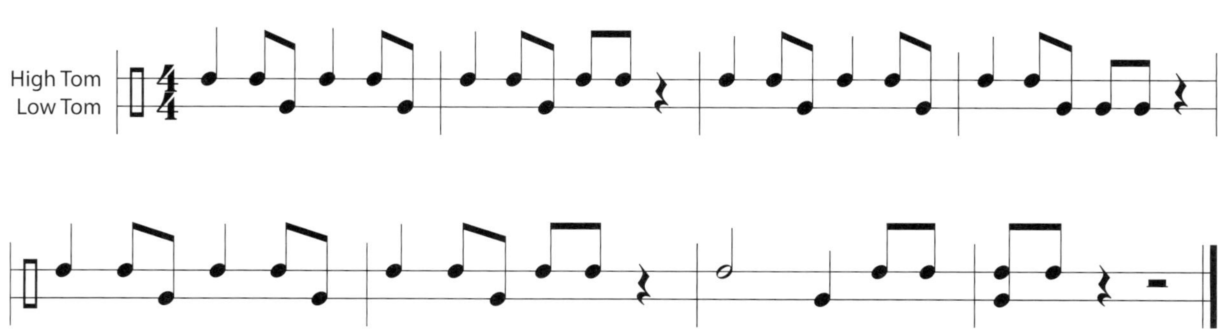

Memphis, Tennessee *Chuck Berry*

43/44

Solo: Split Play

LH: Finger E-Bass • *RH:* 60s Clean Guitar • *Style:* Rock 'n' Roll • *Tempo:* ♩ = 180 • *Software:* User 006, Bank 5/6

2. Help me information, get in touch with my Marie.
She´s the only one who'd call me here from Memphis, Tennessee.
Her home is on the south side, high up on a ridge,
Just a half a mile from the Mississippi bridge.

3. Last time I saw Marie she was waving me goodbye
With hurry-home-drops on her cheek that trickled from her eye,
But we were pulled apart because her mom did not agree
And tore apart our happy home in Memphis, Tennessee.

4. Help me information more than that I cannot add,
Only that I miss her and all the fun we had,
Marie is only six years old so information, please,
Try to put me through to her in Memphis, Tennessee.

Klassenensemble

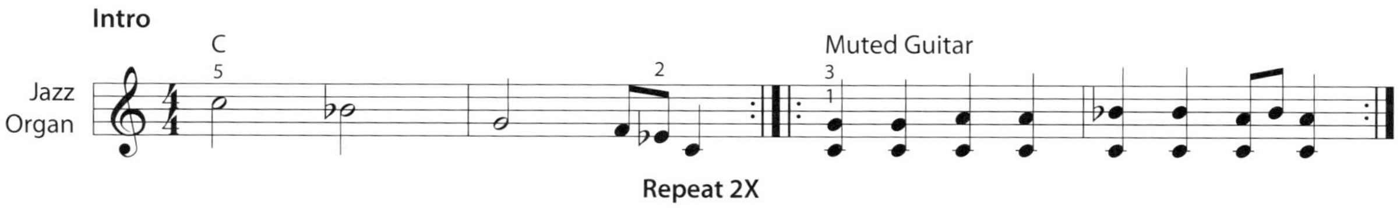

Im folgenden Klassenensemble findet ihr jeweils ein Pattern für jede Harmonie. Musiziert diese passend zum Harmonieverlauf des Songs und schließt mit dem Ending in Takt 16 ab.

Vokabeln			
long distance information	*Ferngespräche-Auskunft*	ridge	*Bergrücken*
party	*„Gesprächspartner(in)"*	wave	*winken*
tried to get in touch	*versuchte anzurufen*	hurry-home-drops	*„Komm schnell heim"-Tränen*
place a call	*anrufen*	cheek	*Wange*
took the message	*nahm den Anruf entgegen*	pulled apart	*getrennt (lebend)*
agree	*zustimmen*	get in touch with	*kontaktieren*
tore apart	*riss auseinander*		

Down On The Corner *John Fogerty*

45/46

Solo: Style Play

LH: ACMP (Fingered) • *RH:* Modern Harp (Harmonica) • *Style:* Guitar Pop (16 Beat) • *Tempo:* 𝅗𝅥 = 94 • *Software:* User 006, Bank 7/8

2. Rooster hits the washboard and people just got to smile,
Blinky thumps the gut bass and soloes for a while.
Poorboy twangs the rhythm out on his kalamazoo.
Willy goes into a dance and doubles on kazoo.

Refrain, Instrumental, Refrain, Instrumental

3. You don't need a penny, just to hang around,
but if you've got a nickel, won't you lay your money down?
Over on the corner there's a happy noise.
People come from all around to watch the magic boy.

Refrain (Fade out)

Vokabeln

suppertime	*Abendbrotszeit*
courthouse	*Gerichtsgebäude*
unwind	*entspannen*
bring you up	*Stimmung verbessern*
corner	*Straßenecke*
pick a tune	*Stück auswählen*
(blues) harp	*Mundharmonika*
nickel	*US-Geldstück (5 Cent)*
thump	*„lautes Zupfen"*
Rooster, Blinky	*Bandmitglieder*
Poorboy	*Bandmitglied*
gut bass	*Waschwannenbass*
twang	*„klampfen"*
Kalamazoo	*Gibson E-Gitarre*
lay down money	*„Spende geben"*

Klassenensemble

Irish Song *Traditional aus Irland*

47/48

Solo: Split Play

LH: Folk/Steel Guitar • *RH:* Ocarina • *Style:* Scottish Reel (Bluegrass) • *Tempo:* 𝅗𝅥 = 80 • *Software:* User 007, Bank 1/2

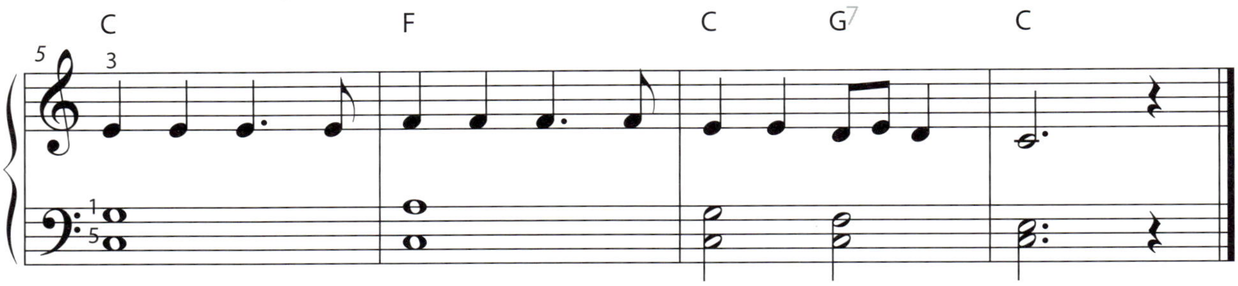

Workshop: Tonleiter C-Dur im Violin- und Bassschlüssel

Benenne die Noten und spiele die Tonleiter mit den angegebenen Fingersätzen.

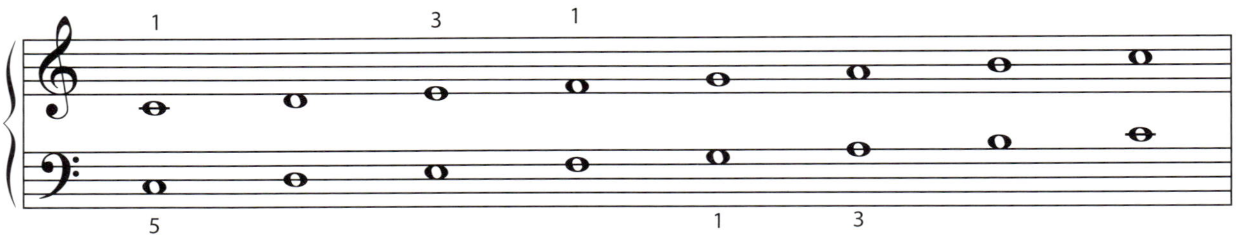

Workshop: Intervalle

Den Abstand zweier gleichzeitig oder nacheinander erklingender Töne bezeichnet man als Intervall (lateinisch „Zwischenraum"). Die Intervallnamen entstammen lateinischen Ordnungszahlen (prima „die Erste", secunda „die Zweite", tertia „die Dritte" usw.). Intervalle eignen sich zur Begleitung von Melodien.

1. Benenne die Intervalle.

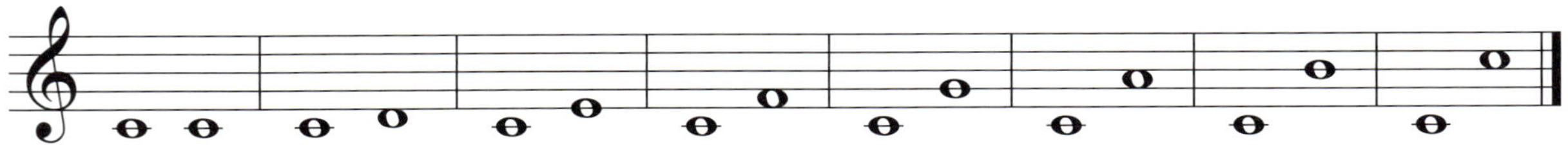

2. Bestimme beim *Irish Song* (Solo-Arrangement) die Intervalle in der Stimme *Folk/Steel Guitar* (LH).

3. Untersuche auch die jeweils ersten Ensemblestimmen von *Irish Song* auf Seite 55 und von *Bad Moon Rising* auf Seite 35 sowie die Intervalle zwischen Melodie und Begleitstimme von *Kumbaya* auf Seite 44/45.

Klassenensemble

Workshop: 3/4-Takt

1. Notiere die Melodie des *Irish Song* im 3/4-Takt auf die leeren Notenlinien.
Lass dazu z. B. vom Original immer die vierte oder die erste Zählzeit weg.

2. Musiziere deine neue Version – auch im Wechsel mit dem Original.

For He's A Jolly Good Fellow *Traditional*

49/50

Solo: Style Play

LH: ACMP (Fingered) • *RH:* Trumpet • *Style:* English Waltz • *Tempo:* ♩ = 144 • *Software:* User 007, Bank 3/4

Intro

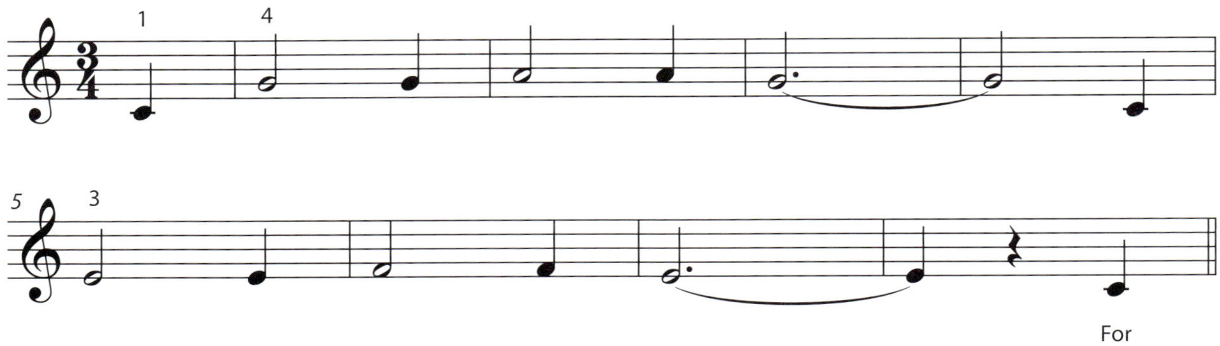

Strophe

Klassenensemble

Im folgenden Klassenensemble findet ihr jeweils ein Pattern für jede Harmonie.
Musiziert diese passend zum Akkordverlauf des Songs.

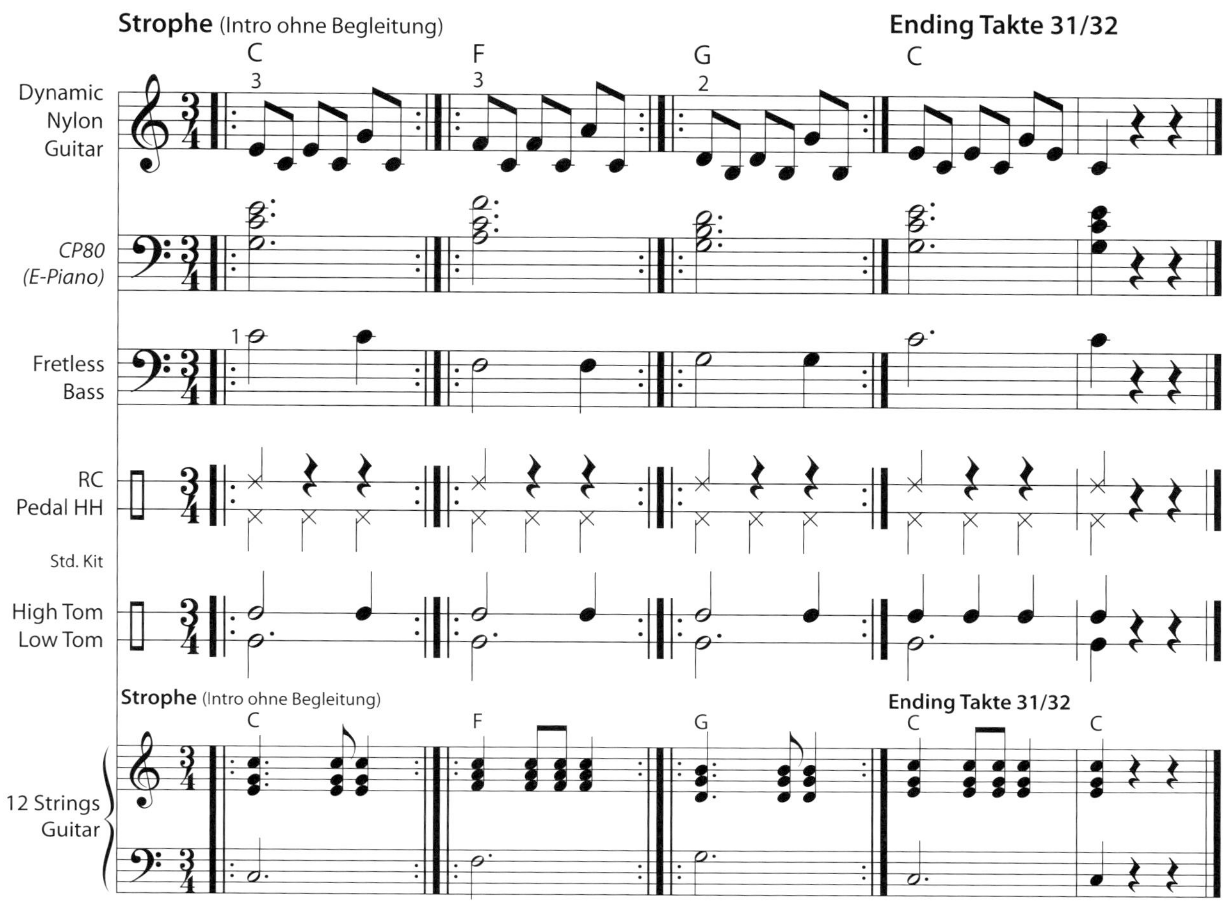

Workshop: Taktarten

1. Fülle die Takte mit der richtigen Anzahl an Viertelnoten.

2. Setze Taktstriche.

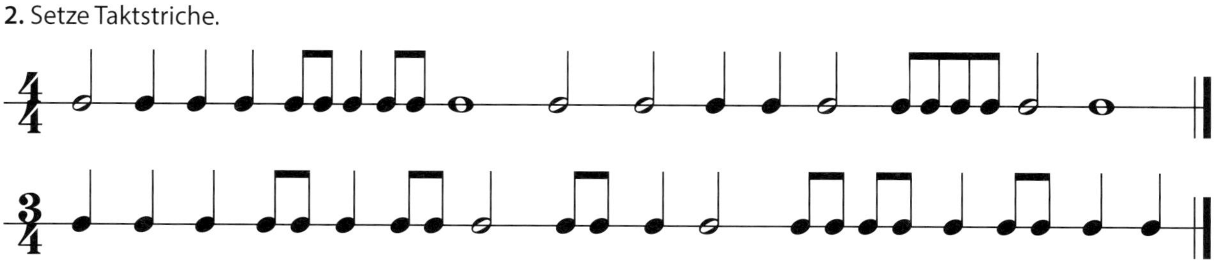

3. Notiere die Noten-/Pausenwerte im 3/4-Takt im *Music Theory Summit* auf Seite 92.

4. Spiele den *Keyboard-Percussion-Parcours* [I] auf Seite 95.

Vokabeln

for he...	*weil er...*	fellow	*Kerl, Kumpel*
jolly good	*prima*	and so say all of us	*und das finden wir alle*

Lachend kommt der Sommer C. Bresgen

51/52

Solo: Split Play

LH: Acoustic Bass • *RH:* Piano • *Style:* Piano Ballad (Mellow 8 Beat) • *Tempo:* ♩ = 90 • *Software:* User 007, Bank 5/6

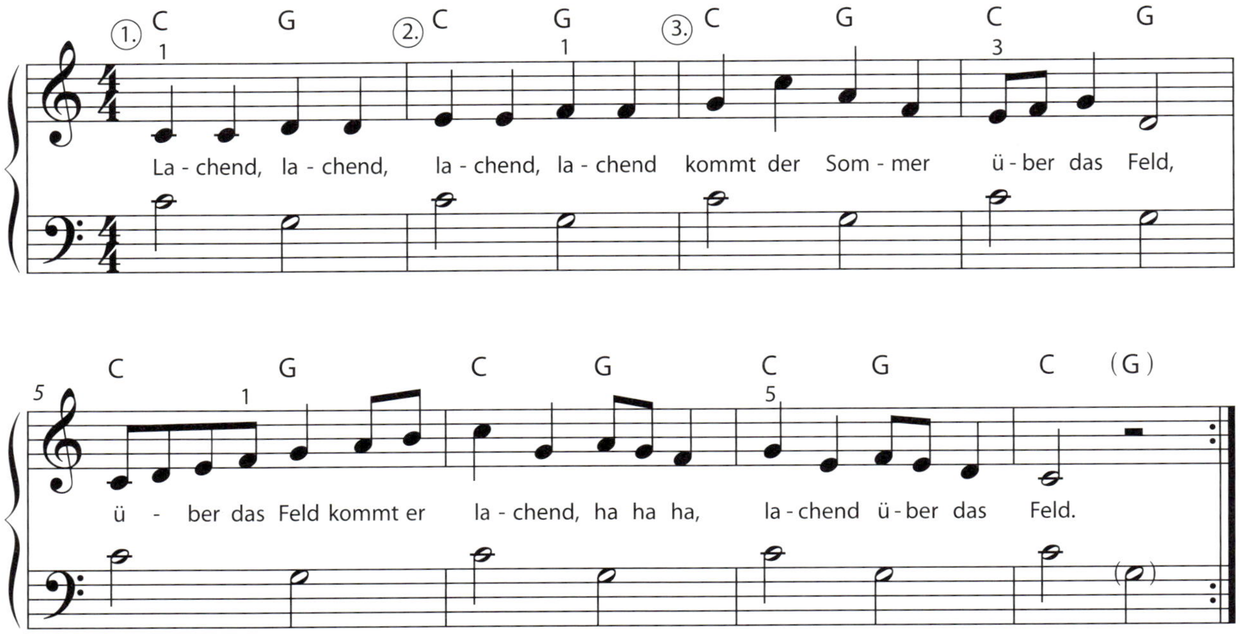

Workshop: Tonleiter C-Dur

1. Notiere alle Melodietöne aus *Lachend kommt der Sommer* der Höhe nach in das folgende Notensystem und benenne die jeweiligen Noten.

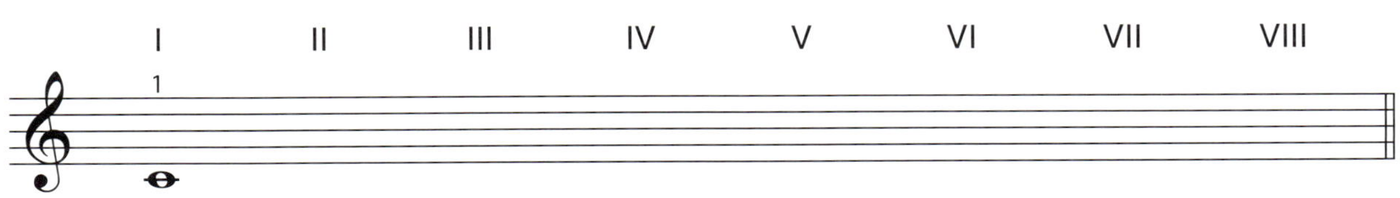

2. Musiziert die Melodie auch im Kanon.

Klassenensemble

Noten und Notizen

Annie's Song *John Denver*

53/54

Solo: Style Play

LH: ACMP (Fingered) • *RH:* Violin • *Style:* Slow Waltz • *Tempo:* ♩ = 140 • *Software:* User 007, Bank 7/8

2. Come let me love you, let me give my life to you,
Let me drown in your laughter, let me die in your arms.
Let me lay down beside you, let me always be with you,
Come let me love you, come love me again.

Instrumental, 1. Strophe

Klassenensemble

Im folgenden Klassenensemble findet ihr für jeden Akkord jeweils ein Pattern.
Musiziert die Patterns entsprechend dem Harmonieverlauf des Songs.

Aufgabe: Benenne die Noten im *Music Theory Summit* auf Seite 92 (*Notenschlüssel/Notennamen* Zeile 3).

Vokabeln

senses	*Sinne*	mountains	*Berge*	desert	*Wüste*	laughter	*Lachen*
forest	*Wald*	springtime	*Frühling*	drown	*versinken*	die	*sterben*

Big Big World *Emilia*

Text u. Musik: Emilia Rydberg, Lars Anderson

55/56

Solo: Split Play

LH: Finger E-Bass • *RH:* CP 80 (E-Grand Piano), Sweet Flute • *Style:* Piano Ballad (Mellow 8 Beat) • *Tempo:* ♩= 84 • *Software:* User 008, B. 1/2

2. Outside it's now raining
And tears are falling from my eyes.
Why did it have to happen?
Why did it all have to end?

Refrain: I'm a big big ...

Vokabeln

leave	*verlassen*	happen	*passieren*
leaves	*Blätter*	end	*zuende gehen*
tears	*Tränen*	around me	*um mich herum*

Klassenensemble

Aufgabe: Spiele den *Keyboard-Percussion-Parcours* J auf Seite 95.

Rondeau *Georg Philipp Telemann*

57/58

Klassenensemble

Arr. Hans Walter

Tempo: ♩ = 110 • *Software:* User 008, Bank 3/4

Aufgabe: Singe und vergleiche die deutsche Nationalhymne und das Rondeau.

Workshop: Zweigestrichene Oktave

1. Notiere in der oberen Zeile die jeweils oktavierte Note.
2. Benenne in beiden Zeilen die Noten mit Angabe der Oktavlage.

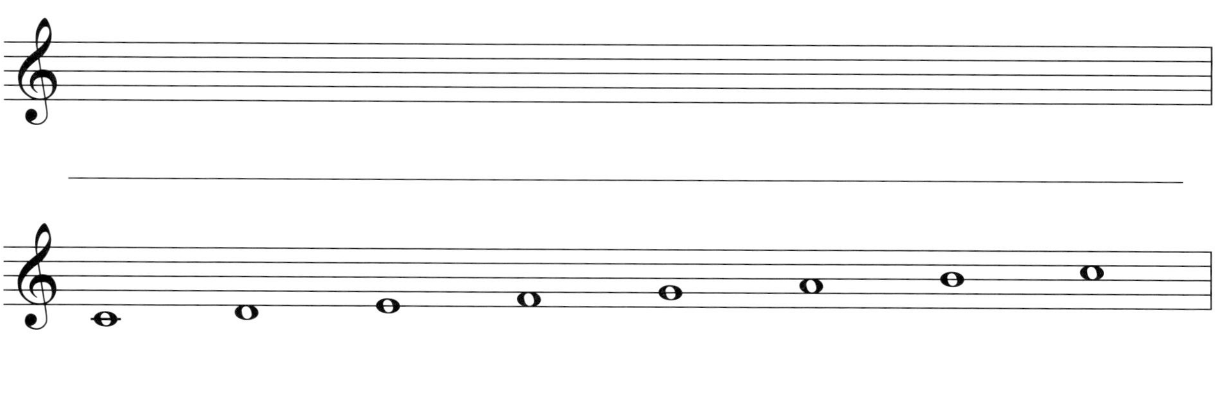

3. Benenne die Noten im *Music Theory Summit* auf Seite 92 (*Notenschlüssel/Notennamen* in Zeile 2).

Charlie Brown *The Coasters*

Text u. Musik: Jerry Leiber, Mike Stoller
Dt. Text: Carl Ulrich Blecher
© Sony / ATV Music Publishing

59/60

Solo: Split Play

LH: Piano • *RH:* Tenor Sax • *Style:* Croco Twist (Rock) • *Tempo:* 𝅗𝅥 = 110 • *Software:* User 008, Bank 5/6

Klassenensemble

2. That's him on his knees – I know that's him yeah,
When seven come eleven down – in the boys' gym.

Refrain

(**Bridge**: Who's always writing on the wall –
Who's always goofin' in the hall?
Who's always throwin' spit balls –
Guess who? Who, me? – Yeah, you!)

3. Who walks in the classroom – cool and slow?
Who calls the English teacher Daddy-o?

Refrain

(**Instrumental Solo**)

Strophe 3

Refrain (Instrumental fade out)

Vokabeln

smell	*riechen*
smoke	*Rauch*
auditorium	*Aula; Unterrichtsraum*
„gonna get caught"	*erwischt werden*
picking on s. o.	*auf jdm. „herumhacken"*
wall	*Mauer, Wand*
goof	*herumalbern*
throw spit balls	*herumspucken*

Lean On Me *Bill Withers*

© Interior Music Corp. / Universal / MCA Music Publishing

61/62

Solo: Style Play

LH: ACMP (Fingered) • *RH:* Soprano Sax • *Style:* Piano Ballad (Mellow 8 Beat) • *Tempo:* ♩ = 76 • *Software:* User 008, Bank 7/8

Workshop: Akkorde in Grundstellung

In der Popularmusik verschieben Keyboarder und Gitarristen häufig ihre Akkorde parallel auf- und abwärts.

1. Spiele den C-Dur-Akkord wie notiert in Grundstellung. Verschiebe ihn langsam bis zum Grundton g und zurück.

2. Übe die nachfolgende Akkordbegleitung und begleite damit den Song *Lean On Me* (vgl. Workshop Seite 91).

Klassenensemble

Vokabeln

pain	*Schmerz*	need a hand	*Hilfe brauchen*	right up the road	*„erreichbar"*
sorrow	*Sorge*	I might have	*„vielleicht habe ich mal"*	share	*teilen*
lean on me	*„verlass dich auf mich"*	bear a load	*eine Last tragen*	call	*(an)rufen*

Barock Around *Anne Terzibaschitsch*

63/64

Solo: Split Play

LH: Cello • *RH:* Harpsichord • *Style:* Love Song (8 Beat) • *Tempo:* 𝅗𝅥 = 66 • *Software:* User 009, Bank 1/2

Aufgabe: Vervollständige die Benennung der Noten in der zweigestrichenen Oktave im *Music Theory Summit* auf Seite 92.

Workshop: Transponieren nach D-Moll

1. Transponiere die ersten acht Takte nach D-Moll, notiere und spiele dazu eine Sekunde aufwärts.

2. Notiere die D-Moll-Tonleiter im *Music Theory Summit* auf Seite 93.

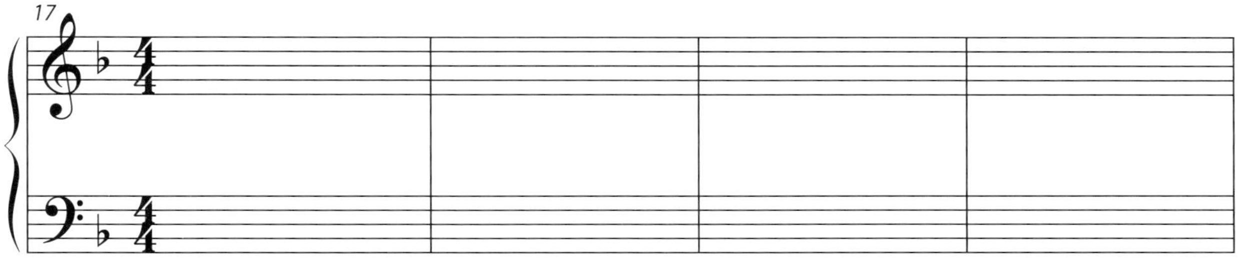

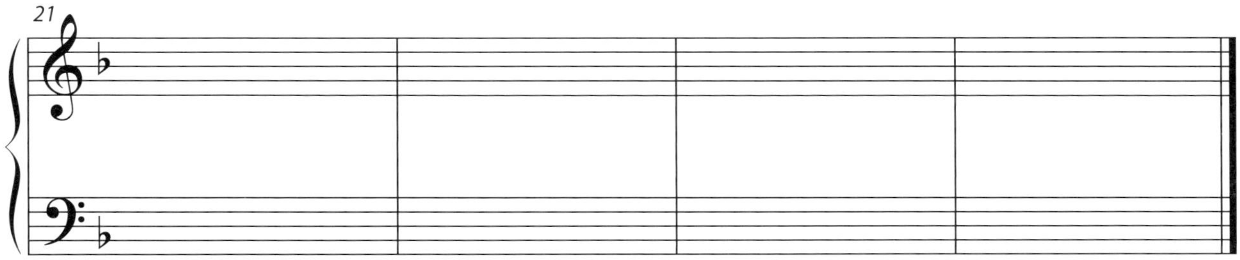

Klassenensemble

Bye Bye Love *Felice und Boudleaux Bryant*

65/66

Solo: Style Play

LH: ACMP (Fingered) • *RH:* Harmonica • *Style:* Country Swing • *Tempo:* ♩ = 160 • *Software:* User 009, Bank 3/4

Vokabeln

step in	*„dazwischen kommen"*	loneliness	*Einsamkeit*	caress	*Zärtlichkeit, Liebkosung*
happiness	*Glück*	emptiness	*Leere*		

Klassenensemble

Im folgenden Klassenensemble findet ihr für Strophe und Refrain jeweils ein Pattern. Transponiert die Stimmen nach F- und G-Dur bzw. verwendet die passenden Akkorde für die Begleitung des Songs *Bye Bye Love.*

Workshop: Versetzungszeichen

Benenne die folgenden Noten.

Workshop: Akkord G7

1. Spiele den folgenden Akkord und singe dazu auf Tonnamen bzw. Fingersatz.

2. Benenne diesen auch im *Music Theory Summit* auf Seite 93.

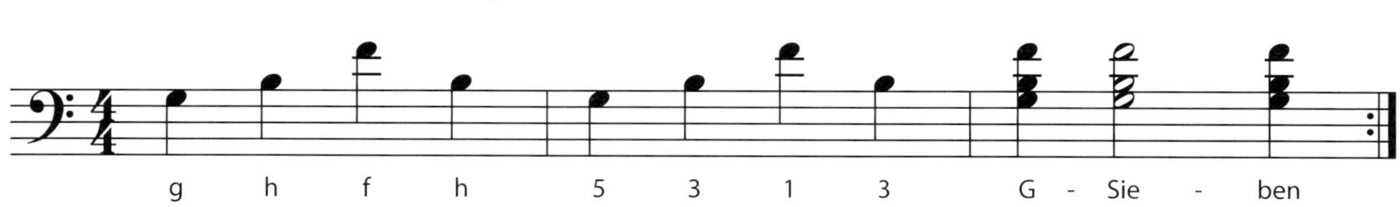

Hard Rock Blues *John Higgins*

© Hal Leonard Europe

67/68

Solo: Split Play

LH/RH: Bright Piano (Rock Piano) • *Style:* Hard Rock • *Tempo:* ♩ = 102 • *Software:* User 009, Bank 5/6

Klassenensemble

IV
I
IV
I
V
IV
I
V
IV
I

Morgenstimmung *Edvard Grieg*

© Helbling

69/70

Solo: Split Play / **Klassenensemble**

LH: Bassoon/Strings • *RH:* Flute und Oboe abwechselnd • *Tempo:* ♩ = 138 • *Software:* User 009, Bank 7/8

Workshop: Akzente und Dynamik

1. Trainiere beim Spiel der Tonleiter die Akzente, das gleichmäßige Ansteigen (*Crescendo*) und Abfallen der Dynamik (*Decrescendo*). Verwende dazu die Anschlagsdynamik (*Touch*) sowie den Lautstärkenregler (*Volume*).

2. Trage die Dynamikzeichen aus dem Stück *Morgenstimmung* auch in die *Music Theory Summit* auf Seite 93 ein.

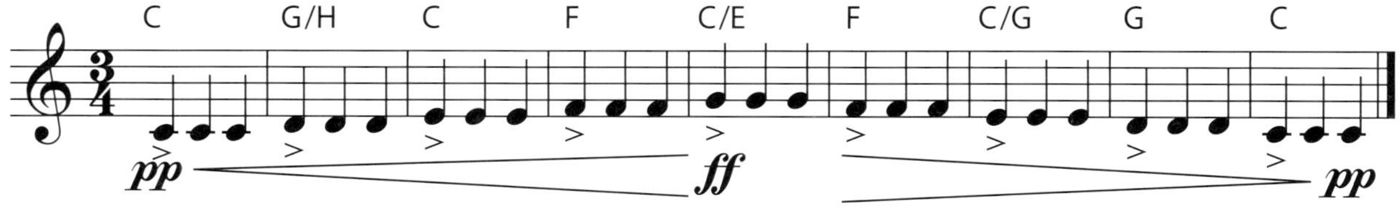

If I Were A Boy *Beyoncé*

Text u. Musik: Brittany Jean Carlson, Tobias Gad

71/72

Solo: Style Play

LH: ACMP (Fingered) • *RH:* RS Saw Lead (Synth Lead) • *Style:* Chart Pop (Hip Hop) • *Tempo:* ♩ = 90 • *Software:* User 010, Bank 1/2

Workshop: Akkord Am (Wiederholung)

Spiele den folgenden Akkord und singe dazu auf Tonnamen bzw. Fingersatz.

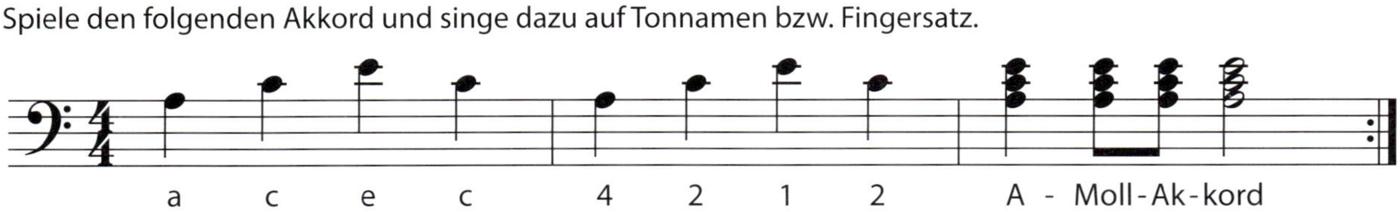

Klassenensemble

2. If I were a boy
I think I could understand
How it feels to love a girl,
I swear I'd be a better man.
I'd listen to her
'Cause I know how it hurts.
When you lose the one you wanted
'Cause he's taking you for granted
And everything you had got destroyed.

3. If I were a boy
I would turn off my phone,
Tell everyone it's broken
So they'd think that I was sleepin' alone.
I'd put myself first
And make the rules as I go,
'Cause I know that she'd be faithful
Waitin' for me to come home.

4. If I were a boy I think ... (vgl. Str. 3)

(**Bridge**
It's a little too late for you
To come back.
Say it's just a mistake
Think I'd forgive you like that.
If you thought I would wait for you
You thought wrong.)

5. But you're just a boy,
You don't understand
How it feels to love a girl someday,
You wish you were a better man.
You don't listen to her,
You don't care how it hurts
Until you lose the one you wanted
'Cause you've taken her for granted
And everything you have got destroyed.
But you're just a boy.... (Fade out)

Vokabeln

even just	*sogar nur*
outta (= out of)	*aus dem*
throw on	*anziehen*
guys	*Jungs*
chase after	*„aufreißen"*
kick it	*„abhängen"*
stick up for s.o.	*zu jdm. halten*
swear	*schwören*
it hurts	*es schmerzt*
take for granted	*als selbstverständlich erachten*
get destroyed	*zerstört werden*
broken	*kaputt*
put myself first	*„nur an mich selbst denken"*
make rules as I go	*eigene Regeln erfinden*
faithful	*treu*
too late	*zu spät*
you wish	*du wünschtest*
you don't care	*es ist dir egal*

Sakura, Sakura *Traditional aus Japan*

Bearbeitung: John Higgins

73/74

Klassenensemble

I + II: Koto • *III:* Kanoon • *IV:* Shamisen • *Tempo:* ♩ = 80 • *Software:* User 010, Bank 3/4

Aufgabe: Notiere die Tonleiter von *Sakura, Sakura* im *Music Theory Summit* auf Seite 93.

1. Sakura, sakura,
Noyama mo sato mo
Mi-watasu kagiri
Kasumi ka kumo ka
Asahi ni niou
Sakura sakura
Hana zakari.

Sinngemäße Übersetzung

1. Kirschblüten, Kirschblüten,
in Feldern, Hügeln und Dörfern
so weit das Auge reicht.
Wie Nebel, wie Wolken
duftend und glänzend
in der Morgensonne.
Kirschblüten, Kirschblüten,
Blumen in voller Blüte.

2. Kirschblüten, Kirschblüten,
am Frühlingshimmel,
so weit das Auge reicht.
Wie Nebel, wie Wolken
sind der Duft und die Farben.
Gehen wir, gehen wir,
um uns an diesem Anblick
zu erfreuen.

Samba Lelê *Traditional*

Dt. Text: Biggi Lechner-Steil

75/76

Solo: Style Play

LH: ACMP (Fingered) • *RH:* Octave Brass • *Style:* Brazilian Samba • *Tempo:* 𝅗𝅥 = 66 • *Software:* User 010, Bank 5/6

Portugiesischer Text

Refrain
Samba, Samba, Samba Lelê
pisana barada saialada.

Strophe
Samba Lelê está doente
(Está) com a cabeça quebrada
Samba Lelê precisava
De umas dezoito lambadas.

Workshop: Samba – Latin Percussion

Die sambatypischen Patterns dieses Workshops können entweder als zusätzliche Stimmen zum Klassenensemble oder z. B. als sich aufbauendes Intro oder als Zwischenspiel eingesetzt werden.
Gestaltet mit dem Klassenensemble und den nachfolgenden Patterns eure eigene Samba-Performance.

Klassenensemble

Workshop: Akkorde B♭ und C7

1. Benenne die Noten in Takt 1. Spiele die folgenden Akkorde und singe dazu auf Tonnamen bzw. Fingersatz.

2. Benenne die neuen Akkorde auch im *Music Theory Summit* auf Seite 93.

I'm Gonna Sing *Spiritual*

77/78

Solo: Style Play

LH: ACMP (Fingered) • *RH:* Sweet Flute • *Style:* Worship Acoustic 1 (8 Beat) • *Tempo:* ♩ = 110 • *Software:* User 010, Bank 7/8

2. I'm gonna shout when the spirit says shout (3X)
And obey the spirit of the Lord!

3. I'm gonna preach when the spirit says preach (3X)
And obey the spirit of the Lord!

4. I'm gonna pray when the spirit says pray (3X)
And obey the spirit of the Lord!

Vokabeln

I'm gonna (= going to)	*ich werde*
spirit	*(heiliger) Geist*
obey	*gehorchen, befolgen*
shout	*rufen*
preach	*predigen*
pray	*beten*
Lord	*Herr (Gott)*

Workshop: Tonleiter F-Dur

Benenne die Noten und spiele beide Tonleitern mit den angegebenen Fingersätzen.

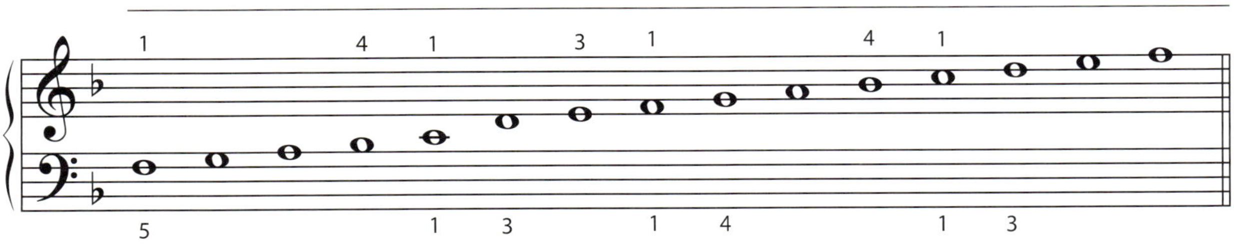

Klassenensemble

Die 12 tanzenden Prinzessinnen

Arnie Roth

79/80

Solo: Style Play

LH: ACMP (Fingered) • *RH:* Oboe • *Style:* 6/8 Modern EP (Ballad) • *Tempo:* 𝅗𝅥. = 52 • *Software:* User 011, Bank 1/2

Workshop: Akkord Dm

1. Spiele den folgenden Akkord und singe dazu auf Tonnamen bzw. Fingersatz.

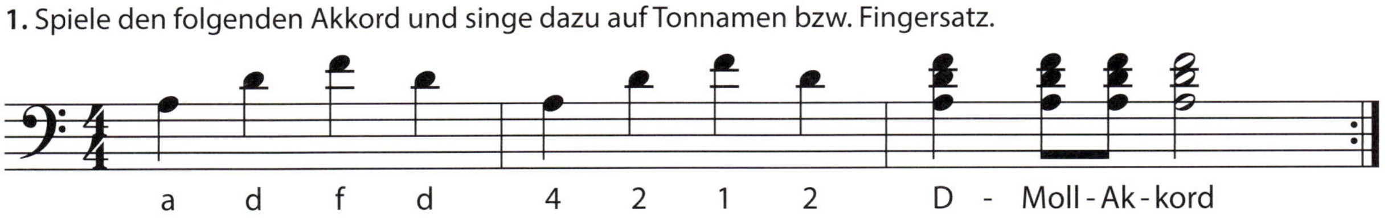

2. Notiere den neuen Akkord sowie die Tonleiter des Solo-Arrangements im *Music Theory Summit* auf Seite 93.

Workshop: Intervalle – Terzen

Spiele und untersuche genau die Intervalle in den Takten 5-8 (RH).

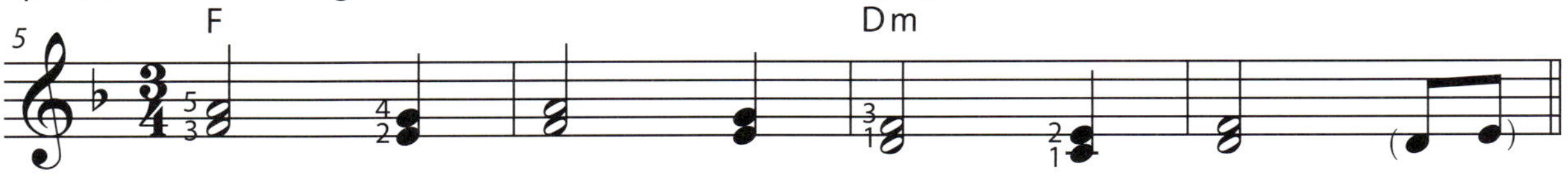

Klassenensemble

My Heart Will Go On *James Horner / Will Jennings*

81/82

© Blue Sky Rider Songs / Rondor Musikverlag / TCF Music Publishing Inc. / Fox Film Music Corporation / EMI Music Publishing

Solo: Style Play

LH: Choir • *RH:* Flute • *Style:* Glam Piano (Mellow 8 Beat) • *Tempo:* 𝅗𝅥 = 48 • *Software:* User 011, Bank 3/4

Intro (als Bridge)

2. Love can touch us one time
And last for a lifetime
And never let go till we're gone.
Love was when I loved you
One true time I hold to
In my life we'll always go on.

Intro (als Bridge)

Refrain (im Original transponiert)
You're here, there's nothing I fear
And I know that my heart will go on.
We'll stay forever this way
You are safe in my heart
And my heart will go on and on.

Vokabeln

across	*über*
distance	*Entfernung*
spaces	*Raum*
between	*zwischen*
show	*zeigen*
near, far	*nah, fern*
wherever	*wo immer*
believe	*glauben*
once more	*noch einmal*

Klassenensemble

Fable *Robert Miles*

Musik u. Text: Roberto Concina
© Warner Chappell / Neue Welt

83/84

Solo: Style Play

LH: ACMP (Fingered)/Fantasia (Bell Pad) • *RH:* MIDI Grand Piano / Aerosphere (Synth Pad) • *Style:* Techno Party (Chart Dance)
Tempo: ♩ = 130 • *Software:* User 011, Bank 5/6

Workshop: Dance Music

1. Vergleiche die Robert-Miles-Titel *Fable* und *Children* und erarbeite Gemeinsamkeiten und Unterschiede. Entsprechende Videoclips sind im Internet unter YouTube.com zu finden.

2. Gestaltet mit dem Klassenensemble und nachfolgenden Patterns des Workshops einen typischen Ablauf eines (Robert Miles-) Dance-Titels.

Klassenensemble

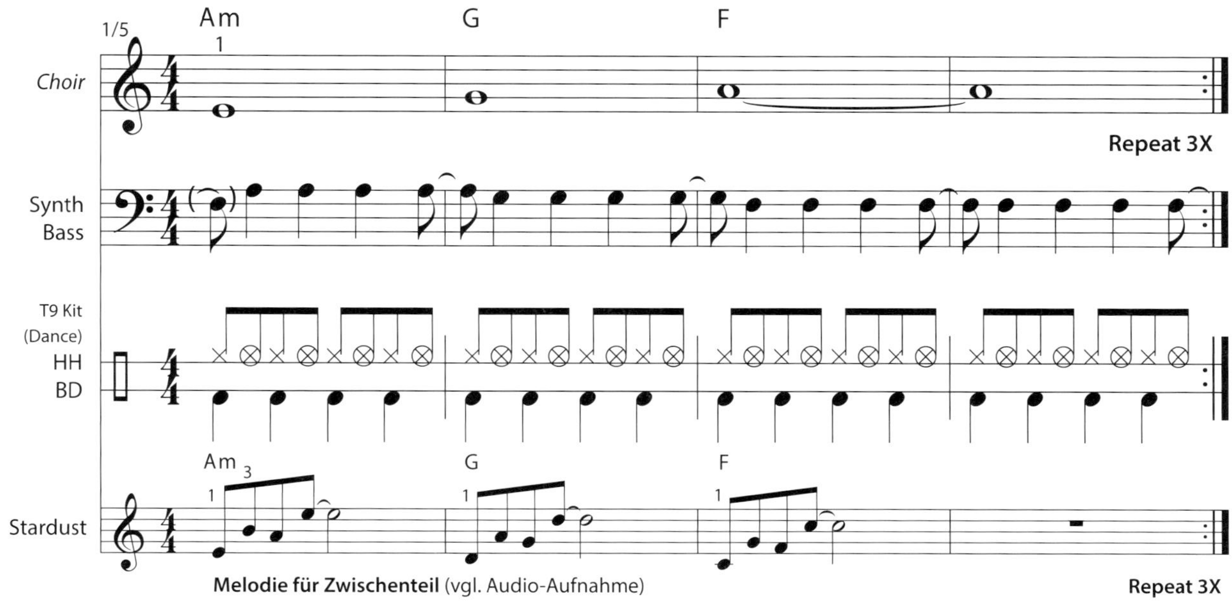

Workshop: Akkorde – Grundstellung und Umkehrungen

1. Spiele nebenstehende Akkordfolge des Titels *Fable* und notiere die fehlenden Akkorde in der Akkordstellung, wie du sie bisher gespielt hast (vgl. Seite 38).

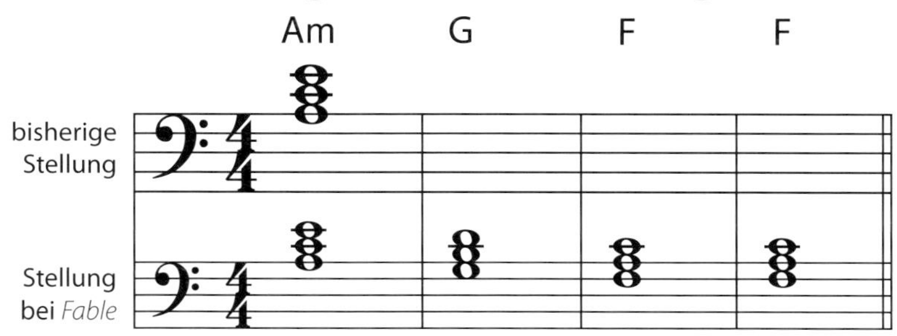

2. Ergänze die fehlenden Akkordsymbole im nebenstehenden Akkordschema von *Lean on me.* Der Em-Akkord wird im zweiten Keyboard*Class*-Band eingeführt.

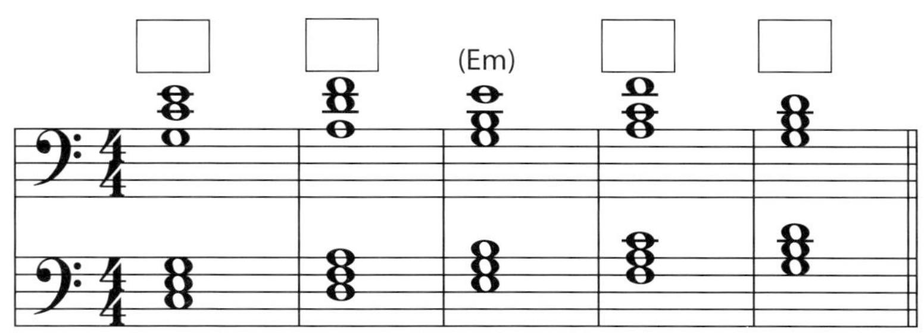

3. Vergleiche die bisherige Stellung der Akkorde mit der neuen Akkordstellung bei *Fable* und bei *Lean On Me.* Benenne Gemeinsamkeiten und Unterschiede.

4. Wieviele verschiedene Umkehrungen sind bei dreistimmigen Akkorden möglich?

5. Begleite eine Melodie mit den gewohnten Umkehrungen und anschließend mit Grundstellungen. Welche klanglichen und spieltechnischen Unterschiede entstehen, wenn alle Begleitakkorde in Grundstellung gespielt werden (vgl. jeweils untere Notenzeilen)?

Music Theory Summit 1

Notenschlüssel / Notennamen

Benenne folgende Noten mit Oktavbezeichnung.

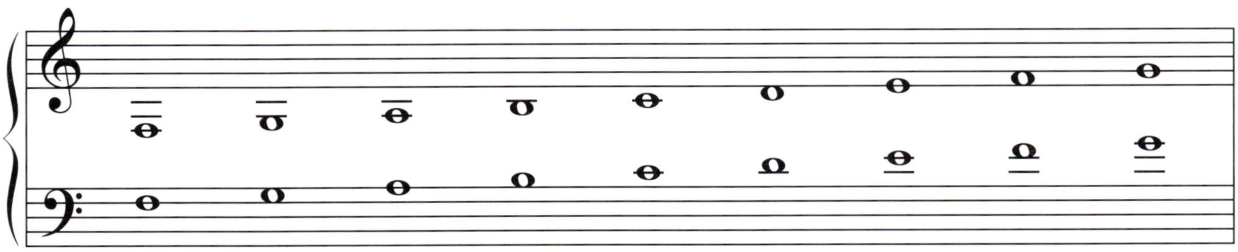

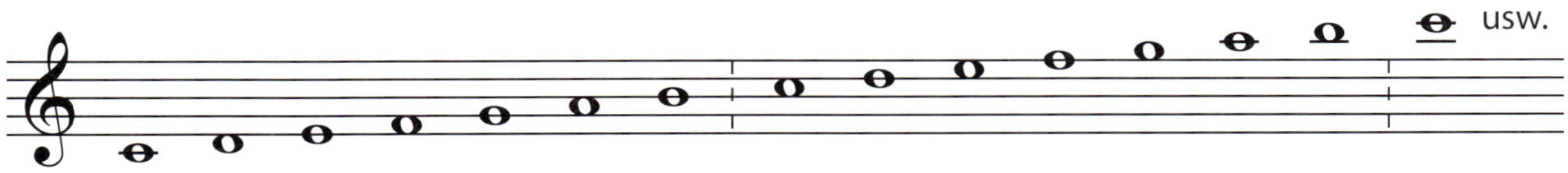

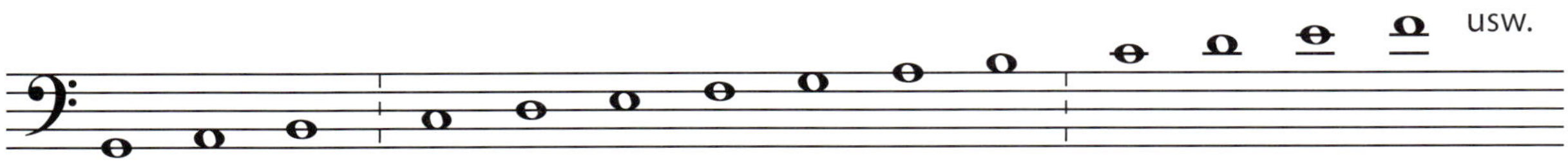

Notenwerte / Pausenwerte

Benenne die Noten- und Pausenwerte sowie deren Anzahl der Schläge im 4/4- bzw. 3/4-Takt.

Noten

Pausen

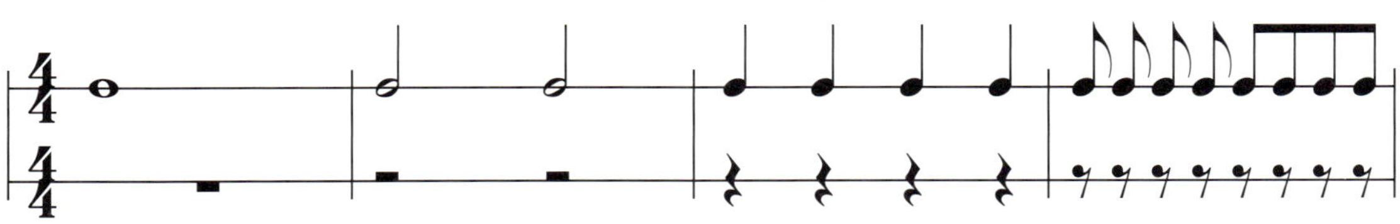

Name

Wert

Noten

Pausen

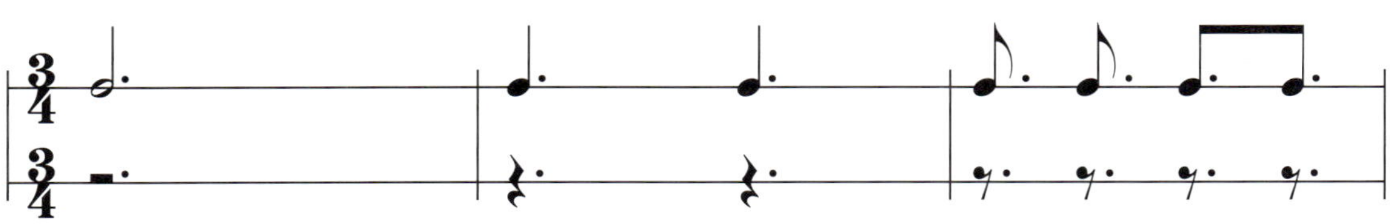

Name

Wert

Taktarten / Auftakte

1. Fülle die Takte mit Viertelnoten.

2. Notiere die unterschiedlichen Auftakte, vgl. Seiten 28, 56 und 36.

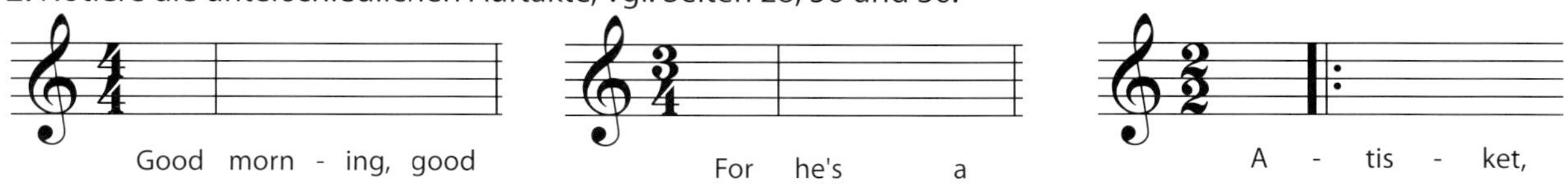

Versetzungszeichen

Benenne die Noten mit Versetzungszeichen. Gib auch die Oktavbezeichnung mit an.

Tonarten / Tonleitern

Spiele, notiere und benenne die folgenden Tonleitern.

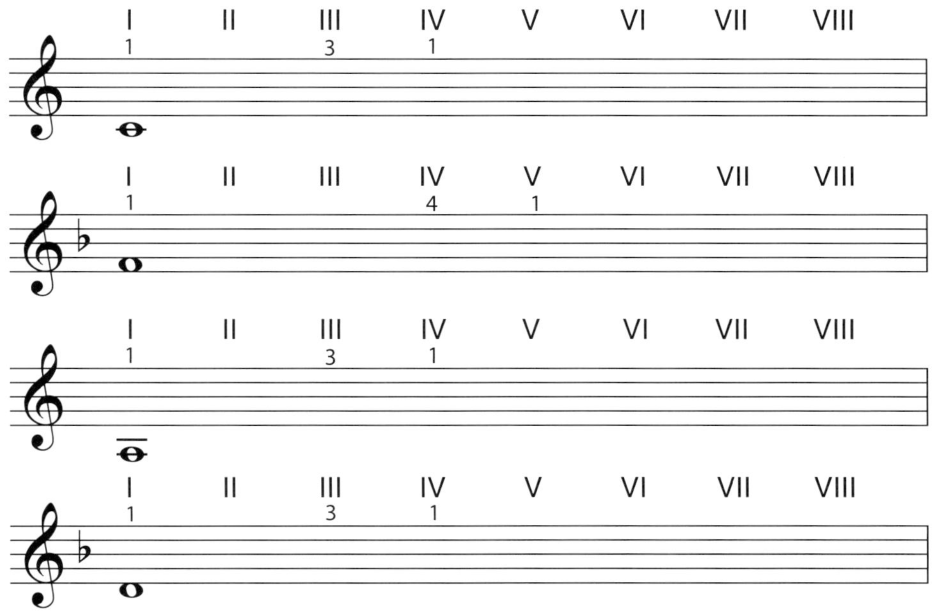

Akkorde

Spiele und benenne die folgenden Akkorde.

Dynamik

Ergänze die Dynamikbezeichnungen.

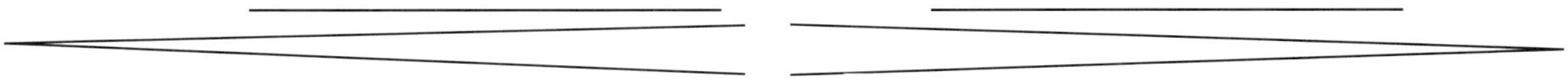

Workshop: Keyboard-Percussion-Parcours 1

1. Trainiere mit der *Keyboard Percussion* die verschiedenen Rhythmen deiner Spielstücke.

2. Spiele dann die Takte in deiner eigenen Reihenfolge. Deine Nachbarin, dein Nachbar oder deine Klasse hört genau hin und notiert, in welcher Reihenfolge die Takte zu hören waren.

A Three To Get Started, S. 6

B Go Tell Aunt Rhody, S. 8

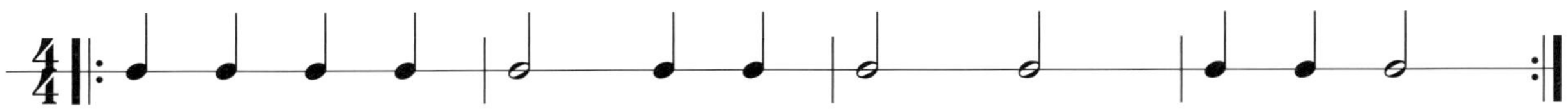

C Thema aus Schwanensee, S. 18

D Bow Down Mister, S. 20

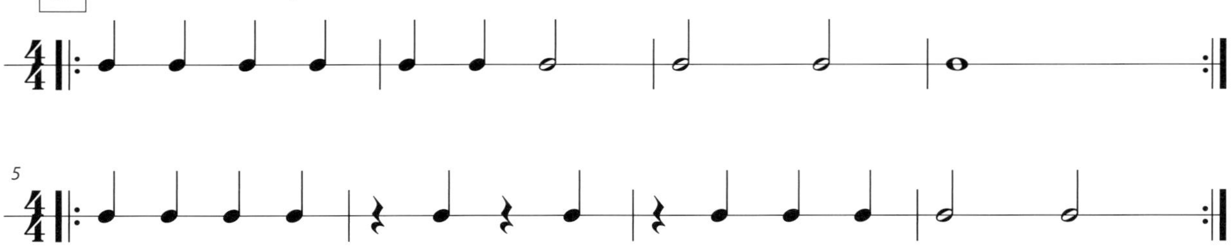

E Tom Kit, S. 22, und Skip To My Lou, S. 24

F London Bridge, S. 32

G Bad Moon Rising, S. 34

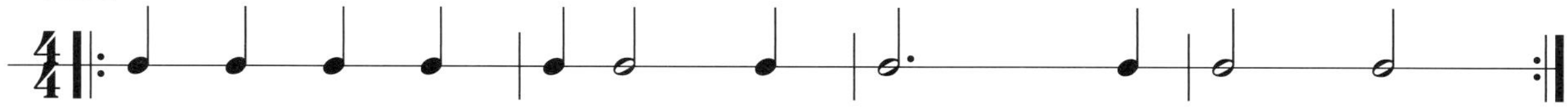

H Stern über Bethlehem, S. 38

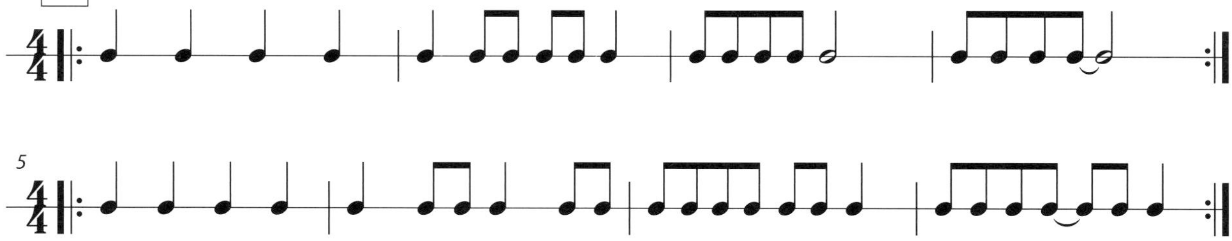

I For He's A Jolly Good Fellow, S. 56

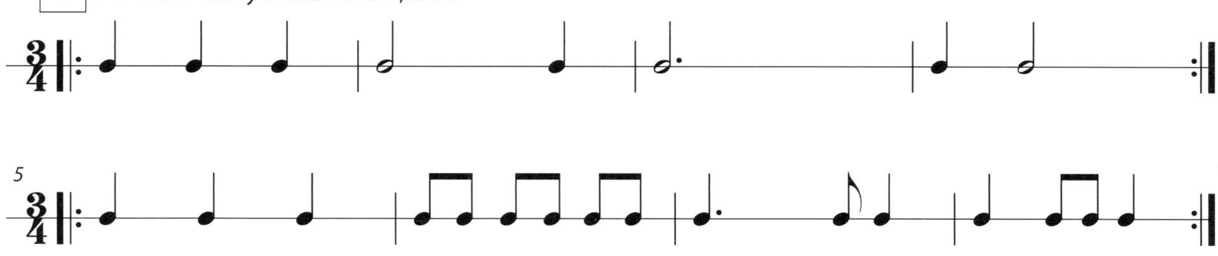

J Big Big World, S. 62

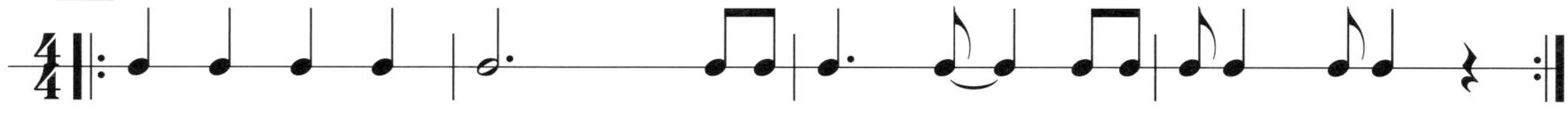

Titelübersicht der Audioaufnahmen und Registrierungssoftware

In der **HELBLING Media App** werden viele Stücke in zwei Versionen bereitgestellt. Die erste Version enthält die Melodie und sämtliche Stimmen des Klassenensembles; Wiederholungen oder zweite Strophen enthalten oft darüber hinausgehende musikalische Variationen. Um das Zusammenspiel zu ermöglichen, wurde bei der zweiten Version die Melodiestimme ausgeblendet und ein Einzähler vorangestellt. Die **Registrierungssoftware** wurde in zwei Versionen erstellt. Die jeweils erste Bank enthält die Registrierungen für das Klassenmusizieren (gleiche Registrierungen für zwei Spielerinnen / Spieler an einem Instrument), die zweite Bank enthält die Einstellungen für das solistische Spiel zu Hause und im Instrumentalunterricht. Die zweite Bank kann ebenfalls im Klassenensemble zum Spiel mit unterschiedlichen Registrierungen eingesetzt werden, z. B. Bass/Melodieinstrument.